THE WILDERNESS SURVIVAL GUIDE

野外生存指南

【英】乔·奥莱利／著

展　地／译

中国环境科学出版社·北京

图书在版编目（CIP）数据

野外生存指南/（英）奥莱利（O'Leary，J.）著；展地译. —北京：中国环境科学出版社，2011.9

ISBN 978-7-5111-0656-8

Ⅰ. ①野…　Ⅱ. ①奥…②展…　Ⅲ. ①野外—生存—指南　Ⅳ. ①G895-62

中国版本图书馆 CIP 数据核字（2011）第 151431 号

版权登记号　图字：01-2010-7978 号

策　　划　胡勘平
责任编辑　郭媛媛　李雅思
责任校对　唐丽虹
封面设计　金　喆

出版发行　中国环境科学出版社
（100062　北京东城区广渠门内大街 16 号）
网　　址：http://www.cesp.com.cn
联系电话：010-67112765（总编室）
发行热线：010-67125803，010-67113405（传真）
印　　刷　北京东海印刷有限公司
经　　销　各地新华书店
版　　次　2011 年 9 月第 1 版
印　　次　2011 年 9 月第 1 次印刷
开　　本　787×1092　1/32
印　　张　9.25
字　　数　160 千字
定　　价　32.00 元

序　言

这是一本野外生存指南，但究竟“野外”一词应当如何定义呢？人们往往会将其定义为一个广阔贫瘠的地区，即不毛之地。也有人认为它是指荒芜、未开发、无尽严酷而充满危险的恶劣环境。这些版本听起来都令人望而生畏，没有一个心智健全的人愿意将这些地方作为理想的度假圣地！然而，一个不容否认的事实是，众群之中总会有人常常要去挑战极限，亲身体验大自然的各种环境。大自然诱惑着我们放弃舒适的生活，在野外度过自己的业余时间——往往越荒芜越好！当我们无法亲自走进大自然，就会花很多时间进行天马行空的想象：如何走进大自然、如何计划旅行？并将自己沉浸于那些勇敢的冒险故事当中，故事令人兴奋之处在于如何克服困境、用坚强的意志逃离险境、随机应变还有天才般的即兴创作，这些都是令人钦佩的品质。在这些故事的鼓舞下，人们向着大自然进发，去证明自己、强化自身的体能，同时还会暴露出自身的缺点。与此同时，故事带着我们领略了大自然的美丽、安详和平静、从容不迫的节奏以及赋予我们的无限自由。因此，一些人会前往与世隔绝的荒凉之地，抛掉一切烦恼，使自己重新焕发神采。

野外对不同的人有着不同的意义，人们进行野外探险的原因也是各种各样的。对我而言，在野外进行探险，无论其是否具备一切“荒芜”的特征，都可以让我有机会进行必需的现实检验，从而将我带回现实。

自然法则似乎非常明了、简单，其范围更易定义。我可以看到自己行为的即刻效果，并且清楚地知道独自旅行对自己的舒适度十分重要，这种状态会一直持续。它为我提供了重新掌控自己生活的机会。将毫无意义的琐事抛诸脑后，只考虑那些真正重要的因素。

我们可以轻松掌握野外生存所需的基本技能，并且还能够自己进行探索和深化。这些技能还影响着我们对生命的看法。令人惊讶的是，人们常常会利用一些更为古老的技能，好像是为唤醒遥远的记忆。相比现代生活的许多方面，这些古老的技能更加容易解释，换用根深蒂固的语言表述，学习这些技能可以帮助我们重新评估什么才是真正重要的。当你在家处于断电、断热、断水的状态时，你必须自己解决这些基本要求。这些技能不仅非常实用，而且还可以让我们重新平衡自我。学到的知识帮助我们再次熟悉周围的自然资源，这些资源逐渐融入我们的生活，成为不可或缺的一部分，因此，我们需要珍惜、善待它们，从而保证自身的生存。我们明白自己在大自然中的位置，更加清楚是什么造就了现在的我们。

本书提供了野外生存中最关键的技能指导，它的目的并非是教你如何与大自然抗争，而是教你如何顺应大自然的规律进行生存，理解这一点非常重要。这是一种可持续的解决方案，适用于大多数情况。本书介绍的内容对日常生活帮助极大，并能带来更多户外生活的乐趣，书中的所有技能都是经常使用的，并且经过亲身验证的。

书中详述的生存技能都被证明是适用于各种环境和条件的。当你遇到险情时可以随时参考书中的指导内容。本书旨在帮助你奠定坚实的、实事求是的基础，并且掌握一些可以在任何环境下发挥作用的技能。

考虑到你的安全，最好按照各自的阅读速度和时间安排来学习本书列出的技能，这样你才能真正理解并掌握。千万不要等它成为救命稻草的时候才开始进行阅读研究。“不积跬步，无以至千里”，如果还没有准备好远离现代文明和紧急救援，你应当意识到一些基本的导航和急救培训可以帮助你完全避免那些致命危险。我认为每个走进大自然进行冒险的人都会需要这些基础培训。从根本上说，这些技能最好是亲身实践而不是完全从书本上学习，它们将确保你形成适合自身并受用终生的野外生存技能。

目 录

第一章

随时做好准备

无形的救生包和有形的救生包

本书目的之一是鼓励读者以清醒的态度面对生存，同时用能力、信心去应对各种突发情况。美国童子军的座右铭“我们应时刻做好准备”，人们对其理解不一。有些人认为做好准备就意味着备足体能，时刻身背小急救箱，里面装上有用的物品，无论在世界哪个角落，它们都会派上用场。因此备着一个急救箱在手边，以便在你需要它的时候，它至少可以派点用场，并且让你享受到使用工具的便利。

然而，一些人的观点非常极端。我自己过去也时刻背负急救包，当危险发生时，便能够用急救包脱险。我会在布包里塞入大号急救箱，口袋中放入小急救盒，腰包里再放进迷你急救包，并在我颈下口袋里放入各种急救物品，无论我走到哪里，都会把它们带着。我还曾在汽车里放着超大急救包，在车间里储放很多豆子，它们能随时派上用场；我还曾获悉有些人到处隐藏急救箱。

有些时候突然发现自己没有带任何救生设备，即使当时可能并不需要，但也会感到一丝恐慌。根据个人经验，完全依赖于救生包和小工具是不可取的，工具是极其有限的。只要你不完全依赖于它们，养成随身携带一些救生器材的习惯还是非常明智的。

求生的心态

在我看来，正在做准备或做好准备是对自己能力信任的一种态度和感觉。这种自信源于自己在练习技能的实践中积累的知识和经验：做最坏的准备，怀有最好的希望。

这就是你应当随身携带的“无形”救生包。倘若没有事先准备，我肯定会陷入许多潜在的危险中，但到目前为止我还从未遇到真正的险情。下面向诸位介绍我的“无形”救生包，但愿可以给那些没有做好准备的人提供帮助。

树立一种“我能”的态度

“不能”这个词不应该出现在你的字典当中。无论遇到什么情况——微不足道或是令人惊恐，你都应积极寻找解决方法，但这并不代表盲目的乐观主义。其实它更像是一种觉悟，在困难面前探寻更多的解决方法。试着回忆那些你认识的善于创造奇迹的人，想象一下他们在遇到相同情况时会做什么。咬紧牙关，对自己说“找出办法或想出办法”，这对身处困境的你来说是一件好事。

自力更生

千万不要一味地寻求别人帮忙。虽然团队合作好处多多，并且在一些情况下，固执地拒绝援助甚至会导致危险的结果，也许还会将所有人置于和你一样的险境，你必须始终为自己的一举一动负责。登山者是一个很好的例子，他们只携带了一部手机作为“救生包”，倘若发生任何意外情况，他们只能依靠登山救援队来救援。在出发之前查看天气预报，掌握几条捷径或逃生路线并制订逃生计划，将大大降低遇险的几率。养成洞察潜在危险的习惯，在它们发展成致命危险前对其进行规避。积累丰富的经验，从而制定正确的行动步骤。此外，个人的身体条件也是一个重要的因素。并不是每个人都可以成为奥运会运动员，但是你起码可以努力维持一个最佳的身体状态。良好的身体状况是一个有利的条件，在任何情况下都是非常重要的。

保持清晰的头脑

如果你是那种因朋友忘记你的生日便崩溃尖叫、歇斯底里、捶胸顿足的人，那么请重新树立一种“哦，这也许没那么糟”的态度。相反，如果你看起来总是非常镇定，并且极其放松，达到了一种无法迅速作出反应、制订合理计划的思想境界，那么，你也许希望给自己一些震撼，形成一种紧迫感，在急需时可以发挥作用。轻度恐慌介于这两种极端态度之间，只要能激发你的斗志，不失为一种积极的态度。人们往往通过各种训练变得更加善于在压力下作出明智决定，这种技能是可以培养的。

提高适应性并能够急中生智

事情通常都不会按照预期的计划发展。据个人的生活经验，我可以很自信地说没有任何事情是严格按照计划进行的，因此，你必须承认这一点，并确保自己始终都有第二套方案。那些可以制订临时方案解决难题的人总是给我留下最深刻的印象。我记得当父亲将酸奶盒盖子折成一个非常实用的纸勺来替代勺子时，我是多么的钦佩，仰慕之情溢于言表。倘若那时凑巧他衣袋里装着一个小勺子，也许我对这件事的印象就不会那么深刻。

“把螺丝再拧紧一圈”

总会有一些时候，你会面临一项自己不想做的任务，但是你坚信自己拥有足够的能力和耐心来完成它。如果你不做，又期望什么呢？其他人代替你来完成？其他能力不及你的人会依赖你坚强的意志，所以，当你真的想轻轻松松完成一件事情的时候，你必须拥有坚强的意志力，全力以赴。把螺丝再拧紧一圈！这的确是一种积极的态度，值得我们去培养，并且让其在日常生活中发挥作用。我并不是说我的生活极其循规蹈矩（因为我常常将脏衣服堆到第二天才洗），但关键时刻，我会将惰性收起，因为我意识到如果我害怕麻烦而不去完成某项任务，这只能意味着之后会有更多麻烦，或者更糟的是其他人会代替你来完成。在一些事情中投入更多的精力，从长远来看，其实是在为自己创造便利，利用天然材料取火就是一个典型的例证。

预先计划

能够事先想好步骤是通往成功的一个非常重要的因素，同时还可以杜绝资源浪费。我们从事的每项任务都要求消耗一定的资源，所以，如果我们做事情没有主次、毫无效率，就会消耗关键的资源。自己独立进行一个工效研究。在野外，资源散布在四面八方，所以，每当你需要远离营地时，都应提前拟好计划，并且收集尽可能多的资源。同时，应做一个机会主义者：如果你偶然发现一种有用的资源，例如，一个良好的易燃物，看到它的那一刻就应牢牢地抓住，而不要等到事后去取。

训练

提高自己的技能，并懂得求生的先后顺序。栖息之地、火、水和食物都是野外生存不可或缺的重要因素。希望诸位能够通过阅读本书，了解和学习获得这些重要因素的技能和技巧，这将是一件充满乐趣的事情。也许你可以轻松地将某些因素融入自己的生活当中，如果有需要，将其进行重塑便于有效使用。

首先，努力成为一个拥有多种技能的万事通。努力丰富自己的知识和实践经验，如有可能，从最为基础的事情做起。

那么，无论你走到哪里，始终都会随身携带最为重要的救生工具：完全了解和掌握求生所必需的基本技能，以及随之产生的自信。相比之下，救生包和救生设备就不是那么重要，在许多情形中，它们将只被视为一种额外的“恩赐”。

野外救生设备

所以，我们已经确定，救生工具、救生设备、救生包，无论称呼如何，都不应当是我们能够依赖或是认为需要时就会有的东西。因此，我们必须强化技能并掌握在没有这些救生工具的情况中如何应对。毕竟，我们在身体构造方面与祖先没有任何区别，而他们却有能力从周围自然资源中发现自己所需的物品来维持生命。

同样，古人也会携带一些难以找到或是对生存至关重要的资源。为了提高野外生存和丛林生存技能，我们要走进广阔的野外进行探险，在探险过程中，我们应当效仿古人的做法，确保自己装备齐全，可以应付探险途中遇到的任何情况（如果时间允许的话）。虽然我总是鼓励人们在没有鼓鼓囊囊的背包的情况下，学会如何应付探险中发生的一切，但是，我必须保持理智，携带一套基本的救生设备，以防万一。在选择户外装备和服装之时，你必须牢记，身上携带的每件装备应尽可能地具有多种功能，既可以轻松修理，也可以延期使用，此外，如果需要，还可以对它们进行临时改造。

着装

遮风挡雨通常被认为是生存的第一要素。我们的衣物是一种移动的屏障，保护我们免受恶劣天气、太阳紫外线和其他危险如荆棘、咬人的昆虫以及带刺植物的威胁。我们在大气层内创造了一种小气候，在这种气候环境中，暖空气汇聚在人体周围，并且不会被冷风拂去。小气候往往会比室外多变的气候更加稳定，当然也更容易控制。

对服装的选择完全取决于我们所处的环境，或计划探险的地方，也通常会受到季节变换的影响。

多年以来，制衣技术取得了许多新成果，制造出许多不同款式、不同用途的服装，这些服装适合旅行者在变化多端的环境中穿着。当你为挑选最合适的衣物来寻求指导时，从四面八方汹涌而来互相矛盾的建议对你进行连番轰炸，其中，大多数是户外服装公司推销产品的广告。从开始进行户外探险到现在，我已经尝试了各种户外用品：起初是最廉价的老式军用背包和父亲的一双稍大的长靴，然后是所有最新的高科技设备，路上只带一点钱。刷光信用卡上的钱后，我只能住在一个简易搭建的地方，这能基本满足大多数环境的需要，甚至使自己的衣物和设备完全符合我的具体要求。这样的基础设备在极冷、极热和极度湿润的环境中都一样，只需进行补充。如果你可以从我选择户外装备的习惯中获得一些启发，你将会知道什么是真正需要的，甚至还能为自己省下一些现金。

防风雨层

这是抵御恶劣天气的主要屏障，因此，在考虑衣服和背包的颜色是否冲突前，应先考虑你所处的户外最糟的天气并为之做好充分准备。

防风雨夹克

挑选夹克时，应当选那些带硬帽舌大兜帽的款式，帽子竖起时可以将脸部包裹起来，只露出眼睛。夹克长度要适中，弯腰时不会捉襟见肘，也不要太长，以至于妨碍你抬腿翻越障碍物。夹克大小上能够允许在里面套几层衣物。衣袖要能够卷起来，这一点很重要，尤其是当你干一些脏活时，例如准备一些吃的野味。褶缝、兜帽和袖口等开口部分都应带有闭合装置，不仅能够将其紧紧地收起，而且外形美观。衣服上口袋多意味着有更多的针脚，容易让湿气侵入，专门用来装地图、指南针和手电筒且容易透风的带拉链的口袋却是不可或缺的，臀部的一对暖手的裤袋也非常实用。衣服上所有的拉链都应带有一块挡风布，用来防止雨水入侵；如果拉链的拉手有点小，在拉手上系一个结实的绳子，这样你就可以在冬天戴着手套拉拉链。

虽然服装颜色并没有款式那么重要，但是我们还是要考虑一下。一些特殊的活动会对颜色有特别的要求：猎人要求柔和或具有伪装性的颜色，而登山队员出于安全性则要求鲜艳、易于被发现的颜色。如果你的预算有限，却希望购买一件质量好、可以应对所有不测的夹克，那么你可以挑选颜色鲜艳的夹克。如果在空旷的地方遇到险情，例如被困在山顶，身着鲜艳的夹克会更容易被搜救人员发现。

防风雨裤子

深处山地应多带一些裤子，因为它们容易被磨破，在丛林当中就没有这个必要了。裤子应是基本装备中的一部分，因为当你要穿过高高的、潮湿的灌木丛时它们非常有用。如果你需要清洗常穿的裤子，可以临时备用。登山裤一般比较重，占背包的空间也比那些质地轻的裤子要大，因此，如果你并未打算整个旅行都是在风雨交加的山上进行的话，最好还是带一些可以轻松装进背包里的轻质裤子。如果天气变得非常糟糕，你会欣喜地发现，背包底部还备有这些裤子。即使选择轻质的裤子，你也要保证它们的长度盖过靴子，并且裤腰上有根实用的拉绳。穿着厚重的登山裤，我喜欢在上面安上背带，这样当裤子被雨水打湿时，它们也不会缠在脚踝上。

防风雨雨衣

这些雨衣并不能取代防风雨夹克，因为穿上它们无论工作还是行走都极为不便。在山上遇到暴风雨，你极有可能像风筝一样被吹走！然而，对于那些活动较少的旅行，这些雨衣确实可以提供一种极好的防水层，渗水率很低，因为它们可以制成一种轻质、防水性极好的遮蔽物。旧式的军用雨衣可以拼到一起，制成一个供两人居住的敞口帐篷。

各种面料及其质量

过去的25年里，夹克和裤子采用的都是防水透气性面料Gore-Tex®。在此之前，人们采用的都是防水面料，虽然这些服装可以为穿着者提供防风雨保护，但是却不利于内部汗液的排出。它们可以阻挡风雨，但同时你也会发现，运动后由于汗液不能及时排出，你经常都是汗流浃背。革新的透气面料可以将汗液排出，同时可以防雨。然而，长时间使用后这种透气性面料会被打湿。这是因为雨水滴不是水珠，可以从衣服上滑落，相反，它们渗入外部面料，导致耐久抗水处理涂层逐渐分解。虽然雨水不会真正侵入，但是穿用者会觉得衣服又黏湿又冰冷；如果你的劳动强度很大，还会影响到衣服的透气性。为了弥补这些缺陷，你最好在里面穿一件排汗内衣，这种内衣由防潮性能良好的面料制成。

除Gore-Tex®之外，还有许多其他面料也是可以使用的，例如Ventile®，这种面料是一种编织紧密、防风防雨的棉布，并与纤维交联，遇水膨胀，防止更多的雨水渗透。这种有趣的材料自第二次世界大战开始便已投入使用，当时是为飞行员的保暖救生衣研制，也可以专用于极地探险的衣服和帐篷。相比现代户外用品面料，这种面料具有许多优势：穿着它靠近篝火时不会熔化；穿得时间越长越觉得舒适；穿上行动时不会沙沙作响并且非常结实。然而，棉布一旦打湿就会丧失保暖性能，将热量从穿着者身上带走，因此，我们需要在最里面穿一件防潮保暖的衣服，如羊毛衣物或羊绒衣物。双层 Ventile®夹克在寒冷的条件下是极好的外套，但是要使其干透需花费很长时间，所以那些需要额外防风雨保护的受力部位如头部、肩部和肘部通常设置成两层。在较暖和的环境中，会有一些咬人的小昆虫，十分令人讨厌，它们会拼命往衣服里钻，所以，选择多功能实用面料就更值得考虑。

Pertex©是另一种防风防水面料，它具有极轻、透气性强、快干的特性，但它不适合做严酷环境下的防护层。寒冷的条件下，在这种夹克内加一件厚厚的合成羊毛内衣会非常保暖，其原理是将冷风挡在外面，而将衣服内大量的热气维持在身体附近。这种纤维毛绒在受潮时并不会像棉布一样丧失保暖功效。合成纤维毛绒和防风 Pertex©面料都可以快速变干，因此，雨停的时候，其干燥效果非常显著。这种服饰专门用于贴身穿着，无需任何内衣，你需要一段时间才能适应。如果天气变得极其寒冷，或者你需要坐一会儿，那么你只需将另外类似面料的衣物垫在潮湿层上面。你会感到潮湿，但是很暖和，有点像穿着一件氯丁橡胶湿式潜水服。这听起来有点麻烦，但是在恶劣的天气条件下会出奇的暖和舒适，因此它成为登山救援队的最爱。这种服装起初是专门为苏格兰冬季气候条件下的登山运动员设计的，灵感来源于北极圈猎人身上穿的毛皮内衣，它对那些热衷于户外运动的人来说极为适用。进行丛林活动，你也许希望加一件单层的Ventile®夹克作为结实、耐火的外套。

大多数情况下我都会穿一件国产的单层 Ventile® 连帽夹克，在头顶满是枝叶的丛林中穿梭时，它可以应付各种天气条件。这种夹克可以完全将风挡在外面，天冷时里面再加件羊毛衫，可以维持身体的小气候。这种夹克非常结实，可以当做工作服穿，靠近篝火会很快变干。我在背包中总会装一件华而不实的 Gore-Tex®防水夹克和几条裤子，以备在真正的恶劣条件下使用，或者是为空旷地带远足所遇到的各种气候条件做准备。无论是应急服装还是在林中一直穿着的轻质衣服，一件 Ventile® 罩衫加一件防水连帽雨衣作为防恶劣环境的备用是一个不错的组合。

我曾穿过各种不同的服饰组合，被淋湿了无数次，由此得出一个结论：如果下雨，而你要延长户外停留的时间，那么无论你穿什么衣服都会被淋湿，这个事实你必须接受。记住这一点，挑选适合在恶劣天气中穿着的服饰的关键是：外层衣物质量好、结实、快干并且具有防风功能，可以抵御寒风的侵袭；内层衣物在受潮时依然具有保暖功能，穿起来很暖和；储备一套干内衣，当你搭起或找到一处栖身之所时，可以换上。千万不要完全相信那些昂贵的防水外衣，因为雨水最终总能找到缝隙侵入。要为浑身湿透这一事实做准备。

裤子

裤子既要舒适又要结实。如果裤子是由快干面料制成的话又会是一大优点。裤子后袋和大腿口袋都具有重要的用途，就像脚踝上的拉绳可以防止蚊虫叮咬一样。你应当确保皮带环的宽度可以允许一条坚实的腰带穿过，如果你能买到一条裤袋上带着大扣子或纽扣的裤子，你会发现在寒冷的条件下戴着手套更加容易使用这些扣子。裤子似乎受虐许多——从双膝跪在林地上到披荆斩棘开辟道路——因此，如果你可以找到一些可以承担这类任务的裤子，而且价格又不贵，你将会占上风。毫无疑问，旧式军裤完全符合这些要求，这些裤子越来越频繁地见诸各类人群身上，这也打消了“我是不是看起来像个雇佣兵”的顾虑。如果你还是感觉脸红，也许你希望花钱买一条单层的 Ventile®裤。这种裤子具备以上各种品质，可以每天 24 小时穿着，并且具有惊人的防风防水效果。虽然它们并未被列为真正的防水服饰，以前，我穿着这种裤子趟过水位齐大腿的河流，当时将 Ventile®裤子的脚踝拉绳绕 Gore-Tex®皮靴系紧，结果发现竟然没有进水！

内层

内层由一个单内层组成，在寒冷的条件下，可以在上面添加稍暖和的一层，将暖空气保持在身体周围。因为要贴身穿着，内层服饰应当具有很高的舒适度。确保上身衣服长度适中，可以塞进裤腰里，弯腰时不会缩上去，露出腰。当然要避免使用棉布，因为这种面料由于外部浸透或身体出汗而受潮，穿起来会很冷，保暖指数也会变成零。但是在高温天气下穿着这样的面料却十分合适。

合成保暖内衣受潮后可以快速变干，有着很好的保暖效果，但是，当其暴露在篝火的高温环境下则会熔化，有一次我将保暖上衣放入滚筒烘衣机，取出时它已经严重缩水、变小。内衣连续穿几天就会发出一股难闻的气味，仿佛这种气味驻扎在纤维深处不能发散（或者这也许仅仅是我个人的感受）。

毛织品似乎是冬季的最佳选择。虽然穿起来有点痒，长期以来它依然被认为是一种极佳的保暖材料。近几年，现代的服饰组合采用细软的美利奴羊毛并混合莱克拉（Lycra，一种弹力丝），革新了保暖内衣行业，为我们提供了舒适、隔热、防潮保暖的内衣，这种内衣很耐穿，并且长期穿着不会有难闻的气味。货比三家，当生产商向你收取巨额血汗钱支付一条长内衣裤时，你会想这些毛织品肯定是来源于希腊神话中的金羊毛。一条 200g 的美利奴羊毛圆领长袖上衣可以穿很长时间。我全年大部分时间都穿着这样的上衣。天气变凉时，你会希望添加一件长内衣裤，并穿一件带纽扣领或拉链领的稍重一点的上衣。携带几层不同重量的衣服会给你提供许多选择，以便应付不断变化的外界条件。坎肩或背心有利于背部和前胸保暖，同时，允许胳膊自由活动，在寒冷天穿这样的衣服是最合适不过了。

保温层

内层可以使身体维持在一定的温度，而保温层则是外套，当温度下降或者你无法通过活动来产生热量时，都可以伸手取得。在干冷的条件下，这一层还可以当做温暖的外套。你应当挑选那些连帽外套或者至少是一件高领外套，以保护脖子和头部免受寒风的侵袭。它既可以是一件羊毛套头衫或者羊毛衫，也可以是一件绒毛或纤维夹克，在极冷的条件下，它还可以是一件羽绒夹克。

一些羊毛外套的编织非常紧密，既保暖，又可提供一定程度的保护，免受天气的影响。这类衣物对丛林探险活动而言棒极了，因为它们即使被淋湿也非常暖和，结实耐用，穿在身上不会沙沙作响，并且耐火性良好，这些优点使它们非常适合于丛林作业。然而，这些衣物体积庞大不易打包，质量重不易携带，如果你没有找到外界热源，不易干燥，所以，登山旅行时，并不推荐使用这些衣物。如果你方便做针线活的话，也许你会打算用一张旧毛毯自己制作一件连帽套衫。剪裁图样前应用热水清洗毛毯，它的厚度会增加，成为一种更加耐风雨的材料。毛绒和纤维夹克质地轻盈，舒适暖和，快干。大冷天在外裤下套一件毛绒裤非常舒适。

既想获得最佳的保暖效果，同时又要做到质量最轻，体积最小，羽绒夹克是一个理想之选。这些衣物中填充的是鸭绒毛或鹅绒毛或合成保温材料，可以俘获大量的热空气，同时，它们都拥有一个防风表层，可以阻止热量散发。羽绒服可以挤压得非常小，并能够迅速恢复原状，膨胀性强，可以俘获暖气流；虽然质量很轻，但是保暖性却非常好。然而，它们一点都不适合在潮湿的环境中穿，因为羽绒填充物会黏成团，留出很多缝隙和冷点。

合成保暖材料和羽绒具有相同的保暖效果，虽然其体积较大，但是在潮湿环境当中其保暖性能更好，因此成为羽绒的一个很好替代品。如果你可以找到一件采用合成保暖填充物的连帽羽绒服，它可以压缩成很小的一块，并且几乎没有重量，那么你就可以始终将其放在自己的背包底部，并安全地装在一个防水袋中，当你需要时，你总会拥有一层额外的保暖层。

登山者有时会带一件大号的合成填充物夹克，持续停留时，他们会将这些夹克套在外套上面。这样做可以防止热量进一步散失，因为你无须在恶劣条件下脱掉外套以便迅速换上保暖衣物。如果是在丛林中，那么你就需要在上面加一件更结实的外套，可以避免被刮破或被篝火中蹦出的火星烧个洞。

如果这听起来仿佛有很多衣物都可供穿着携带，那么值得铭记的一点是：在野外旅行时，你应当始终备有足够合适的衣服，即使是在暴风雨天甚至是极端恶劣的条件下都可以整夜待在户外而不依靠任何外部火源取暖。

临时制作

当你身处某一环境而突然发现自己没有任何合适的衣服，那么你可以随时临时制作。干草和其他干燥植物材料以及羽毛（如果你可以找到足够的原材料）都可以仿照填充羽绒服的方式塞进你的衣服当中，用来捕获暖气流。千万不要受现代思维方式的驱使。在过去数千年以来，虽然没有任何高强度合成纤维，人类依然在极端恶劣的环境中生存下来并孕育繁衍（否则我们就不会拥有现在的一切）。许多时尚的户外服饰都是依据传统的图案服饰而设计，灵感来源于北极人穿的衣服，皮毛和兽皮在极端环境中的保暖性能往往超过了现代材料。人们甚至还利用植物纤维来提供相应的保护，从编织的树皮鞋和帽子到草编斗篷，例如：在阿尔卑斯山高海拔处发现的冰人奥茨人身上残留的碎片，这些木乃伊距今已有 5 000 年的历史。

四肢

四肢往往最容易因恶劣天气而受伤，因此，你需要照顾好自己的四肢。

帽子

当你觉得寒冷时，要做的第一件事情就是戴一顶暖和的帽子。因为，大量体温会通过暴露在外的头和脖子流失。在寒冷环境中，你应当始终戴一顶可以拉下来护住耳朵的羊毛或绒毛帽子，并在背包中装一顶备用。如今有许多既美观又实用的帽子，帽耳用羊毛缝制，并且外层具有很好的防水透气性。遇到特别冷的天气，也许你希望戴一顶巴拉克拉法帽来遮住整个脸部。暖天戴的帽子应当质地轻盈，透气性强，并且带有一个很大的帽檐用来遮阳。

围巾或发套

这些饰品在冬天非常受欢迎。我整年都会在背包中装一条美利奴羊毛围巾（一条弹性极好的长长的管状羊毛围巾），因为它几乎不占空间，卷起来可以作为一顶备用帽，戴在脖子上是一条围巾，而将头和脖子遮起来时是一顶巴拉克拉法帽或外星帽。

手套

虽然手套是一种季节性很强、适用于特定环境的物品，但是我却不喜欢戴。然而，如果你的手指冰冷以致影响到其灵巧度，那么你就会明白手套在维持双手正常活动方面具有极为重要的作用。如果你的手指冻僵了，甚至无法抓紧一根火柴，那么你的生存几率就会大幅度降低。在常年携带的背包中，我都会放一双手指和手掌都带有胶皮花纹的防风羊毛手套，这就意味着我可以维持一些敏捷度来完成某些任务。与此同时，我还有一些带 Pertex©（一种合成纤维）防风外层的轻质纤维连指手套，这种手套不仅质量轻而且保暖性极好。在极其寒冷的条件下，你需要一直戴着一双稍微耐磨的手套。此时，挑选的手套应带有皮掌、一层透气的防水内衬和一层可以去掉的保温内衬来缩短干燥时间。如果在冬季爬山，最好带三双手套，一双用作备用手套，在手套浸湿时可以轻松替换，而剩下的一双用作应急手套，例如：前面讲到的轻质连指手套。准备三双手套并不奢侈，而且在这样寒冷的条件下，这种准备是一项最基本的要求，因为不停地使用双手是极为关键的。所有冬天戴的手套都应具有绳环，可以紧紧地系在胳膊上，防止大风在你吃汉堡的时候将手套吹走。

鞋类

除非你特别懒，你将会长时间步行，因此，挑选袜子和靴子就极其重要。

袜子

同样，袜子的面料还是以天然纤维为主，含有很高羊毛成分的袜子是户外活动最舒适的选择。一双薄薄的内衬袜加一双稍微厚一点的袜子可以防止由于长途跋涉引起的水疱。应当挑选那些脚跟和脚尖带有额外衬垫的袜子，如果穿一双较沉的冬靴，最好是在跟腱部位垫一层衬垫。在你的背包中，至少装一双备用袜，并且要定期更换清洗，因为袜子穿久后，纤维会被压缩，袜子的弹性会减弱，这样脚就容易起水疱。清洗并烘干可以帮助袜子恢复一些弹性。

靴子

浏览任何一个户外服饰商品目录，你会发现自己似乎需要至少15双不同的户外鞋子，以便应对季节变化。在极其寒冷或冰封的高山环境中，你会需要一双保暖性更强的靴子，这种靴子鞋底都有一对鞋钉；而在极热的环境中，质量轻、透气性好的靴子穿起来会更加舒适，这的确是一个事实。但是对于大多数的旅行者而言，一双简单的长筒皮靴就应该足够了。鞋底应具有充足的弹性，整日穿着都非常舒适；高度适中，可以防止泥浆从靴筒进入鞋内，同时，当你负重在凹凸不平的地面穿行时，它可以支撑你的脚踝。如果你手头宽裕，可以买一些有衬垫的踝带、快速系紧的钩性扣、脚趾保护衬垫以及防水透气的套筒的靴子。如果你想脚底感觉轻盈，那么带一层防水内衬的轻质纤维靴子将非常具有诱惑力，但是我却发觉它们的功用很有限。外层材料一旦被渗透，透气的防水衬里就失去了作用，因而你会感到双脚冰冷而湿冷。

合脚是第一要素，当你试新鞋的时候，应当穿着你打算在户外使用的袜子。确保靴子不会挤脚，并且脚趾可以自由活动。注意靴子是否磨脚，同时不要忘了靴子穿一段时间后会稍微变大（注意：千万别完全依赖这些要素，因为当你远距离行走或负重时，双脚会微微肿胀）。

平时，穿了一天的靴子脱下后要用鞋刷刷掉上面的泥土和灰尘（而不是让他们沾满泥土，放在一旁），并在靴子上刷上鞋油，进行防水处理。如果靴子湿透了，应取出鞋垫，在鞋子里面塞一些干草或者报纸，放在一旁自然变干。切勿在火源旁边烘烤，否则皮子会开裂。

进行长途旅行时，你可能需要带一双备用鞋。这完全取决于你计划的地点，可以是一双拖鞋也可以是一双越野运动鞋。氯丁二烯橡胶防滑鞋是一个很不错的选择，它质地轻盈，鞋底具有很好的防滑性。最后，遇到雨雪天气，最好在靴子上套一双防水护腿。然而，与你看到的画面不同，你应当穿一条防水裤，盖过护腿而不是塞到里面，否则，雨水会沿着护腿内部进入鞋中，浸湿双脚。

主背包和打包方法

下列物品应作为核心装备，遇到特殊环境，你可以添加一些专用装备。每次旅行都应采用相同的方法打包所有的核心物品，这样就可以保证你在能见度很低的情况下清楚每件物品的位置，同时也意味着你打包时不会落下一些东西。

背包的选择

首先最重要的是背包的选择。如果你仅仅选择了一个帆布背包，你应当再去找一些结实简单的背包，所需要的要比想象中大（包里最好预留一些空间，而不必在整个户外活动期间都多带一个背包。在我的打包单上，我总会注明为某件关键物品预留空间。你会吃惊地发现在旅行中自己的装备扩充了许多）。你需要遵守前面提到的打包规则，并且尽量避免一些不必要的东西占据过多的空间。拉紧打包带可以将一个很大的帆布背包缩小。

现代的帆布背包甚至是军用物资包上的内架、带衬垫的波状背垫、肩带、胸带和臀带都已实现标准化生产。这些配件可以使携带重物更为轻松。背包上的拉链口袋非常实用，可以装一些小物品，需要时不必在包里乱翻，侧带也有相同的功用。但是你必须警惕包上带有过多的配件，因为那样就意味着包外有更多的针脚，更易出现漏洞和裂口。有时，我会将用于棉袄上的润滑油涂在帆布背包的盖子上，因为它最容易被雨水浸透。

帆布背包的打包

由于帆布背包上有许多针脚，加之不断的磨损，没有一个背包可以被认为具有完美的防水性能，所以如果希望取出常用背包是干燥的，那么你最好将其装在防水袋中。这些防水袋可以是特别结实的塑料袋，也可以是高效折叠闭合的特制防水袋。防水袋有各种形状和大小，用来存储不同的背包部件，同时还可用于取水和存水。

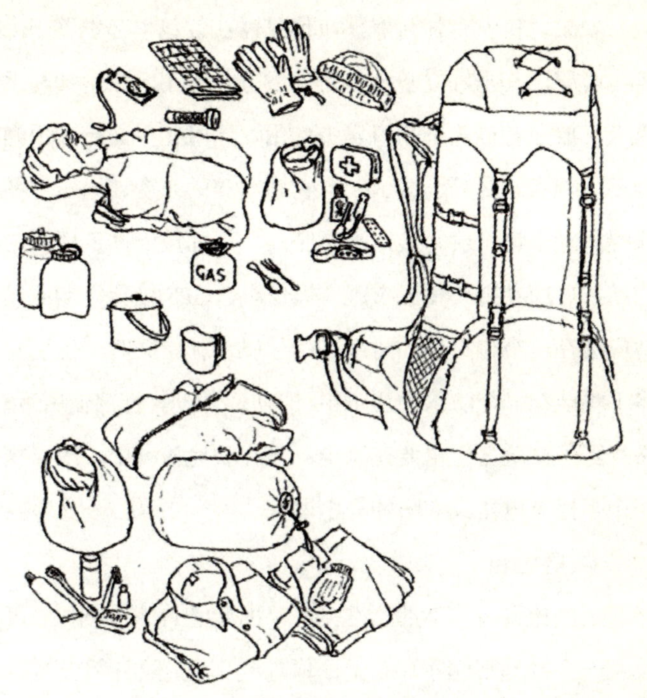

图 1　基本户外用品（未打包）

打包行囊时，需要谨记：较沉重的物品应放在上面，位置高于你自身的重心，这样携带起来更容易。同时，你可能会希望较容易地获取某些使用更为频繁的物品。幸运的是这些物品大都很重，例如水，并且体积大，例如厨具。而那些较轻的物品，如睡袋和备用衣物，可以塞在背包的底部。始终考虑质量分布是否合理，同时按照重要次序进行打包。

如果背包没有任何磨损，你只需在背包顶部设置一个防风防雨层，其刚好位于背包盖子下方。地图、指南针和手电筒应当放在背包盖子的口袋中备用，同时在里面装一顶帽子和手套御寒。厨具、饮水、食物和零碎的东西连同一件冬季保暖衣置于第二层。接下来是卧具，下面放一些备用和常用物品，如洗衣用具和干衣服。摄像机、GPS 装置等专业设备都应装在一个带衬垫的防水袋中予以保护。同时，也别忘记将手机装在一个防水的袋子中，即使你并没有打算使用手机，进行野外探险之前也要充满电；而在长途旅行中，应当携带一个手摇充电器或太阳能充电器。

救生包

一些旅游者喜欢带救生包，里面装着许多小物品，可以放在一个袖珍形箱子中。无论你走到哪里，随身都应携带这样一个小包，一旦陷入险境，随手就能够到它，在获救之前，这样的小包包会为你提供维持生命的一切必需物品。我认为实用的做法是将传统的救生工具袋装在一个易拉罐中。如果你计划在郊外旅行，那么应当在背包中准备好合适的救生装备以防迷路或者受伤。如果你发现自己丢失了背包，或者没有接到任何警告而突然被一架坠毁的飞机或一艘下沉的轮船陷入严酷的环境中，经验告诉你不可能携带一个万能的救生工具袋，因此你必须依靠自己平时接受的训练、知识以及临时制作的能力生存。

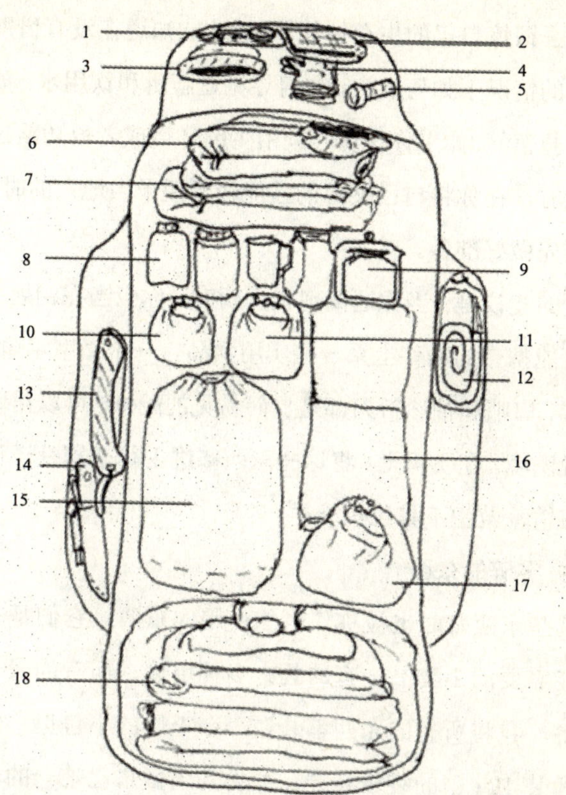

1. 指南针；2. 地图；3. 帽子；4. 手套；5. 手电筒；6. 雨衣；7. 保暖上衣；8. 水容器；9. 厨具和炉子；10. 零碎的包包；11. 食品袋；12. 防水布或帐篷（最好也装在袋子中）；13 和 14. 切削工具；15. 睡袋；16. 保温睡垫（也可以绑在外面）；17. 洗衣用具；18. 备用衣物和备用品

图 2　背包如何打包，便于使用，背负才更舒适

做好准备和求生很大程度上是一种人生的心态，不断评估自己的处境并整理工具包，这样，即使环境可能会变得很糟，包里关键的救生物品也能解救自己。而最重要的是，你应当出去锻炼自己的生存技能，这样才能知道在没有借助任何设备的情况下如何取火，如何寻觅遮蔽所和饮用水，如何发出求救信号。如果你探访一处陌生的环境或者恰巧路过这样的地方，在你将自己娴熟的技能轻易授予当地人的时候，应当事先做好准备。

我的建议是，当你远离现代文明时，你应当在钥匙、鞘刀和可能携带的物件上系一些实用物品。一个微型手电筒、点火棒、口哨和袖珍折刀都是显而易见的配饰，可以帮助我们摆脱困境。在飞机上，将这些东西塞进主行李箱是一件恼人的事情，救生工具包也一样。

零碎的东西

这些东西有时也被称作可能使用的东西，它们是一些你可能需要的小物品，有的具有多种用途，而有的属于应急储备。我将所有的东西都装在一个干燥的小包里，包的大小和装 1kg 糖的袋子一样，并将其当做自己唯一的救生包。如果必须卸下帆布背包，我会确保这些零碎的东西可以维持自身安全。这是一个简单的常识，仅仅需要进行预先计划。同样，如果我想离开固定的营地四处漫步，身上没有带救生包中任何一件物品，我会随身携带这样的小型救生包，并带一瓶水、一个用于做饭煮水的金属杯、一件防风雨外衣和一个切削工具。这些东西都装在帆布背包内一个较小的日用袋或肩背包里——这些物品始终应随身携带，便于随时取用。这些物品非常有用并且可能会成为你的救星，但是对于包中的每一个物品，你都应当知道如何自己制作相应的替代品。

这些物品包括：易燃物袋，三种点火和干燥易燃物的方法。

手电筒　一种轻质手电筒，适合用于日常生活中，同时也是一种信号装置。许多手电筒都具有闪烁功能，可以用作遇险信标。如果夜晚在山间穿行，我会在背包中装一个带有卤素灯泡高能光束的手电筒。千万不要忘记再装至少两副备用电池。

急救包　膏药、特制水疱膏、消毒湿巾、免缝胶带、弹力绷带和安全别针、止痛药、急救战地止血包、消毒膏药和镊子。这是一种个人急救包，所以如果你率领着一群人，你可能会需要更加全面的装备。

水净化包　一种特制 Millbank 水过滤包和一些净水片。当你没有时间或工具在热源上煮水时，可以利用水净化包获得纯净水。将 Millbank 水过滤包安装在一个干净的大塑料袋中，这个塑料袋可以防止过滤包在使用后打湿所有东西，同时还可以用来储存大量水，并可以用作蒸腾袋。

折叠多用工具（参阅第 38 页“多用工具”）

杀虫剂　咬人的昆虫不仅令人生厌而且也是潜在的疾病传播媒介物。将杀虫剂装入一个小塑料袋，远离指南针，因为它会在指南针的透明有机玻璃上形成一层雾气。

细孔护头网　用于昆虫非常多的情况下。它也可以用来捕鱼，还可以用作一个融雪包以及一个可以将脸部全部遮住的面罩。

轻质的橘红色大塑料包　这种塑料包不仅能用作吸引注意力的标志，而且还能用作紧急防水遮蔽所。我使用的塑料包重量很轻，与传统的橘色救生包相比更容易被撕碎，但是很容易打包而且体积小。它可以平铺展开，作为一个非常显眼的防水遮蔽所，装满干燥的植物材料也可当做一个临时的睡袋。

指南针　西维氏 4 指南针，颈绳是由导航步调珠子穿成。将其和一个防水笔记本、一根粗短的铅笔和一面利用阳光发信号的非金属日光仪镜一起装入一个带衬垫的袋子中。日光仪镜通常用来断断续续地反射阳光，以便潜在的救援队能在远处看到这些明亮光束。慢慢倾斜镜子直至其能够捕捉到阳光，将反光点对准信号目标的大致方向。一种将光斑正确瞄准的简单方法是，将手抬至一臂的高度，估计信号目标救援队和你的距离。通过镜子中心进行瞄准，确保发射光斑可以落在你的手上，然后将手拿开，确保光斑瞄向正确的位置（调整镜头，瞄准近距离物体。比如你自己的手，会比从远处山腰上捕获这些光斑要容易得多）。倾斜镜头或用手重新遮住反射光线，这个遮掩过程便产生了高度可见的闪光。CD 的反射面可作为一个很好的应急替代品。注意：这些闪光可能会使正在搜救你的飞行员产生炫目，如果你所处的地方发生战争冲突，你发出的明亮闪光会被战斗机飞行员误认为是炮火。

口哨　为了在紧急情况下吸引救援队的注意，你应当选取声音最为响亮的哨子，并将其系在指南针的颈绳上。六声连续响亮的哨声，接着沉寂一分钟（听取回应）是一种国际呼救信号。即使获得应答，也应当继续吹哨，以便帮助急救队锁定你的位置。

维修工具包　一张插满各种不同大小的针和结实的线。还有一些大针，用来缝制一些天然替代品，如筋腱或植物纤维。牢固的胶带，如万能胶带，对于短期修理和其他诸如缝补雨衣等缝补工作具有重要的作用。

应急口粮　一个高能量的“威力棒”和两包热巧克力足以用来振奋精神，调动体内的供暖系统帮你度过慢慢长夜。我很早便放弃了携带巧克力，因为第一次食用时，我必须打开自己的零碎物品包，而每次旅行都要打开，很麻烦。毕竟，每个人都有缺点……

结实的绳子　10m 结实的细绳——从鞋带到用于狩猎的动物圈套，这些细绳都非常实用。

紧急捕鱼和诱捕工具包　至少准备三个铜丝兔子陷阱器、一组大小不同的鱼钩、一些结实的鱼线和小铅坠，这些物品都装在一个小塑料袋中，封口。当你需要在野外觅食时，这些物品都可以用来救急。铜丝和鱼线也可以装在修理工具包中。

常用装备

这些物品可能整天都要使用，所以打包时，应当将它们放在帆布背包的顶部，正好位于防水防风衣下面，这样，一打开包盖，你就能看到。在寒冷的天气中，应在常用工具包中装一件保暖衣、一顶帽子和一双手套，可以在感觉寒冷的时候穿戴。

厨具

你将至少需要带一个金属锅，最好是两个，一个可以用作杯子。在轻质量远足中，一个优质金属杯子既可以当锅用于煮食物，也可以当杯子用来喝水。尽量避免使用铝锅，因为在丛林活动中极易被毁坏，我甚至见过它在强火的烘烤下熔化。带横木把手的不锈钢圆底锅是理想之选。如果你对金属元素非常了解，你可能还会考虑钛：结实并且重量极轻，但也是出奇的昂贵。铁锅和平底锅既可以防弹又可以悬挂于篝火之上，但太沉重，最好用于开车旅行。利用横木把手，你可以轻松地将金属锅悬在篝火上方，无需使用金属夹，但是，如果你的锅没有配备这样的横木把手，可以在锅沿系上一段柔韧的铁丝取而代之。由此举一反三，你可以利用相同的方法将铁丝系在金属杯上，从而将其改造为一个烧水壶。所有的饭锅都应带盖，一是为了加速蒸煮速度，二是为了防止过多的水汽蒸发，同时也为了防止好奇的小昆虫和碎屑闯进锅中。为了节约帆布背包的空间，你应当装一些嵌套的饭锅。并在两个饭锅之间放一条毛巾，防止它们相互碰撞，这条毛巾同时也可以用作抹布！你只需一个勺子作为餐具，因为你可以随手用带鞘刀切割食物（如果你因为没有带叉子而惊慌失措，那么你可以自己发明一种替代品，其既可以用作勺子，也可以用作叉子——叉勺）。这些餐具应该整洁、干净并且摆放整齐，装袋，防止被其他的工具黏上黑灰。

便利炉

如果让我选择，我更倾向于使用小火做饭，但有时条件并不允许。如果你打算将自己的大部分冒险活动在没有条件点篝火的地方度过，或者穿越资源有限的地带时，你需要携带一个便利炉。这种炉子一般采用一个气罐或者采用某种液体燃料进行燃烧。如果你采用旋入式气罐炉，应当确保它可以和普通的气罐配合使用，如果可能的话，你还可以在其他国家找到类似的气罐。如果采用液体燃料炉，应需大量液体燃料，如汽油和煤油以及一些推荐的燃料。这种炉子是一种复杂的小东西，容易堵塞，所以你必须确保有一个干净的备用维修工具包和便利炉一同携带。燃料应小心地储存在合适的带螺旋盖的金属容器中。固体燃料或凝胶燃料炉的质量非常轻，但是点燃速度慢，并且温度不易控制。

一种是自己制作一个小火盆，它可以安全地燃烧各种在当地找到的燃料——松果、动物粪便、小树枝和一些多孔菌干。它的结构很简单，可以是一个圆柱形的不锈钢落水管，还可以是一个旧罐子，在上面打了几个孔或从侧面钻几个洞，保证充足的氧气供应。热量集中于一处，缩短了蒸煮时间并且充分利用这些不宜用作燃料的材料。火燃烧范围小，并且被装在容器当中，因此不会四处蔓延，并且所有的东西都可以轻易地烧成灰烬，不会留下任何火星或者没有烧尽的圆木需要随后进行清理。

无论你采用哪种便利炉，始终要确保带一个挡风屏，以便节约燃料，同时保持集中某一地方的热量——饭锅的下方！挡风屏的最佳材料是一块薄薄的软铝片，它可以树立起来成为一个圆筒，围绕整个炉子和饭锅的一部分，并可以折叠，通过其表面将热量反射回饭锅。一次性箔纸烤盘是一种价格低廉却很实用的选择。但需要注意：对于任何一个炉顶下方配备整体油箱的炉子，挡风屏绝不能靠得太近以至于燃料箱发热，这样会非常危险。挡风屏只能用作可以挡风的障碍物，圆筒不得封闭，这样才能获得良好的通风条件。而更为安全的做法是，利用圆木或岩石制成一个小型的防风墙，这样底部的气罐才能保持冷却。

水罐

水容器是背包中最为重要的部分，但是要携带足够的器皿来满足日常所需会是一件繁重的事情。如果你喜欢轻装旅行，也许你可以用轻质的替代品来取代一些装水容器，只携带一些必需品，但令人恼火的是，水的质量始终都是一样的：每升的质量为 1kg。我通常会携带两个坚固的 1L 塑料瓶，还有一个空的 1L 软包和一个可以利用旅途中天然资源的饮水过滤净化容器。在冬季，其中的一个容器可以换成一个小的不锈钢热水瓶。如果营地附近有水源的话，在帐篷搭好前，每 10L 软包可以储存大量的水，非常方便。有关取水、存水以及消毒方法和设备的更为详细的信息，请参阅第五章。

食品袋

将所有的食物都装在一个结实的干燥袋子中是一个很好的做法，食物不要装得太多，并不是因为浸泡后会变得很重，而是因为那些饥饿的动物有可能会闯进你的帐篷。即使你去的地方不会有任何大型的食肉动物出没，但是那儿仍然会有许多小动物在夜间窃取你的食物。我的帆布背包上就有一些补丁，是那些贪婪的啮齿动物一点点咬穿的。你应当挑选一个带着密封罩的防水包，以便将食物的香味锁在包中，同时还要用一根结实的长绳子将其高高挂在枝头，使那些偷食的爬行动物无法够到。

不常用装备

这些物品通常一天只使用一次，因此，打包时应当放在靠近包底的位置。

洗漱用品

当你在户外居住时，千万不要认为洗漱是一件奢侈的事情。每天都应该确保衣物的边角和缝隙都干干净净的，以便自己保持最佳状态。如果我要在外待一天以上，那么我会携带一个很小的洗漱袋。它是一个豆罐头大小的小防水包，里面装着无味香皂盒、牙刷和牙膏，以及抗菌粉和一个轻质毛巾。肥皂应装在一个小网袋中：你可以将其挂在树枝上，可以直接使用，无需从网袋里掏出来。穿了一天的鞋，脱下后，在湿脚上擦一些抗菌粉会非常好。同时你还会需要一个轻质露营毛巾。不要忘了带一卷卫生纸，将其压平放在一个塑料袋中。我的建议是卫生纸最好和洗漱用品分开，并且装在帆布包的口袋中，以防不时之需。

睡袋

与羽绒服构成相似，睡袋通常选用羽绒或合成填充物填充。和羽绒服一样，你会发现相比选用合成填料制成的睡袋，一个优质的羽绒睡袋压缩后体积更小、寿命较长并且质量更轻，但是前者在潮湿天气中会发挥更大的作用。

所有的睡袋一般都会根据其设计处理的条件而分成各种等级。通常会是“1 级”（非常温暖的夏季气温）、“2 级”（较凉爽的夏季气温）、“3 级”（除了冬季最冷，适用于各种环境）、“4 级”（冬季条件）和“5 级”或“探险级”（极端寒冷的条件）。也许你的睡袋会有温度限制，但是经验往往告诉我们应对睡袋可以承受的最低温度持保留态度，因为生产商有时候会对其进行夸大。在决定购买睡袋前，你应当查看一下你打算去旅行的地方的最低夜间温度。

如果你变胖或长高，睡袋依然有足够的空间，同时应确保睡袋上的拉绳兜帽可以拉紧，在寒冷的夜晚将整个脸部遮住。睡袋在使用中会变得潮湿，即使是空气中的湿气也会意味着晚上睡觉会更加寒冷。因此，如果你打算睡在天然的遮蔽所中，身上盖一张轻轻的防水布，也许你会考虑带一件防水、透气的睡袋套，或者“bivi 袋”。除非你追求那些大品牌，非常昂贵的东西，当然这种做法是非常愚蠢的。相反，旧式军用 bivi 袋，价格实惠、容量大，并且经久耐用，因此是一个非常不错的投资。这里需要给你一个温馨提示：打包时，应当将睡袋装在你的 bivi 袋中。这就意味着所有宝贵的卧具都要始终装在防水套中，随时准备使用。打包时，从领口挤出所有空气，尽量向下按压，使之填满帆布背包的所有空隙。即使你的睡袋有充分的保护，但是它仍然会因为人体夜间出汗而变得有些潮湿，因此，需要每天都将其取出防水套，挂在一根树枝上或绳子上晾晒。

睡垫

睡垫可以捆在背包的外部或卷在背包盖下。在轻质无框架的帆布背包中，这些睡垫还可以折起来，竖着放进包中，位于背带接缝的下方，从而增加背部的衬垫。如果你非常珍惜自己的睡眠，那么这是一个极其关键的物品，不容忽视。睡袋中的填充物在身体的重压下会被压缩，无法隔离地面的寒气，所以应当始终将睡袋和睡垫一起携带。自动气胀式保温垫的保温效果最好，但是会在多刺或岩石的地方被刺破，因此，需要准备一个小型的修理包。折叠或卷起的高密度泡沫垫子当然更加可靠，但是它并没有自动气胀式保温垫舒服，体积又过大，不易打包。如果你希望减少质量和节约空间，那么也许你会考虑携带一块中长或半长的睡垫，可以保证核心部位的温度。将帆布背包压平垫在腿脚下面也可作为一个睡垫，但是这并非长久之计。如果你打算就地取材制作一个卧具，应当多带一个小毯子；如果你无法取得材料做一张天然的卧床，应当始终带着这样一个毯子。

帐篷和遮蔽系统

帐篷的样式多种多样，我们可以任意选择。在极其寒冷的条件下，可以选择圆锥形帐篷，外加一些平板柴火炉；而在炎热的环境中，应当优先考虑安全防护网状帐篷，防止那些可怕的爬行动物进入。在广阔的多山地带，你会需要那些双层、轻质而非常结实的帐篷，这些帐篷体积小，并带有一个门廊，方便在里面做饭（不得在封闭的帐篷内使用气体炉）。缝制的防潮布也具有重要的作用。虽然有许多具备额外功能和宏伟外观的帐篷，切记这些东西都得自己负载，同时，双人帐篷有可能在两个人中间断裂。在大多数环境中，我通常会带一张轻质的防水布，用绷绳将其搭成一个遮蔽所。这种组合功能非常多,只要开动脑筋就可以搭起各种实用的帐篷。尽管一些旅行封闭式的帐篷让人觉得舒适，我也会尽量挤进一个轻质的防水布中，以便在帐篷外创造一个室内面积。

应急/备用包

即使在白天旅行，你也应当始终带一些备用衣物，以防在野外过夜后浑身湿透。你应当携带一件保暖长袖上衣和长内衣裤、备用袜、一顶羊毛帽子（帽子和围巾）、备用手套和一件轻质的 Pertex©防风连帽上衣以及裤子，这些东西质量非常轻，都可以塞进一个小的防水包中，需要时再使用。遇到寒冷天气，应当加一件绒毛、合成材质或羽绒上衣，有备无患，还可以装一个高能量的威力棒、一根小蜡烛和一些干燥的易燃物以及防水火柴。将这些物品塞进包里时，不妨想象一下，当你需要再次将其取出使用时，遇到灾难性的日子，你会感到自己是多么的释然。

如果你打算外出几天,那么你不会希望走到哪都拖着一个睡袋和帐篷。有一种保暖救生袋，可以折成录像带大小并且可以用作轻质的遮蔽物，它并不会占用空间，也不会使你沉重不堪，如果你探访的环境很难找到天然的遮蔽所和木柴，那么它可以保护你的人身安全。

第二章
丛林工具

野外用具的选择和使用

在偏远地区居住的人们拥有许多装备，其中需要提到的一件装备是切削工具（它非常重要，可以写成独立的一章）。任何户外用品清单都应当始终将某种尖锐的工具列为基本所需工具。为了不使其被认为是增加负重的额外的小玩意，将刀刃当做一件工具，为了生存你会从周围寻找许多自然资源，这种工具可以用来对其进行切块、削片和砍伐。

刀

一把坚固、设计巧妙的刀子可以轻松携带在身上，需要时，既可以用来进行小型的切割工作，也可以完成更为繁重的任务，非常方便。

多用工具和瑞士军刀

多用工具和瑞士军刀虽然不是专为长期或危急使用

而设计，但在救生包中装这样一把折叠式多用工具或瑞士军刀备用都是非常重要的，一旦主要刀具丢失或损坏，它就派上了用场。我总会在我的零碎用品包中装一把这样的刀具。多用工具和瑞士军刀还有许多其他有用的配件，如钳子、各种螺丝起子和剪刀，这些都可以用来修理你携带的光亮的现代装备，非常方便。然而，折叠刀刃并不是最锋利的刀具，如果你要用多用工具或铅笔刀进行一些繁重的工作，那么它的寿命就会缩短，你必须为此做些准备。由于这些刀具偶尔才使用，因此，长时间储存前，你需要给活动部分和刀片边缘上油，对其进行很好的保养。

🛠 带鞘刀

你无需在外生活很长时间后才能意识到一把好刀的重要性。当处理一些天然材料时，你会发现总会用到它们——劈柴、砍伐木材、准备食物、切割、修削、采集搭建遮蔽所和屋顶的材料、收集某些材料如树皮或植物纤维……它们的用途数不胜数。某些尖锐的带鞘刀相比其他的刀具更适合一些特殊的任务，其实只要使用得当，一把坚固的通用型刀具也能够完成许多任务。如果你拥有牢固的知识基础并有一定的适应能力，一把小刀就可以满足你的一切要求。这种多用性使其轻而易举地成为最为重要的救生工具。

🛠 刀具的选择

如果你希望自己的刀具可以用于任何一项任务，那么避免挑选那些花哨的刀具，例如刀刃上带着锯齿或是空心刀把中装一个微型救生包。还应避免使用那些双刃刀，除非你打算去放倒哨兵。刀片背面（脊）应当做成方形，以便进行繁重的任务时配合木条的使用。

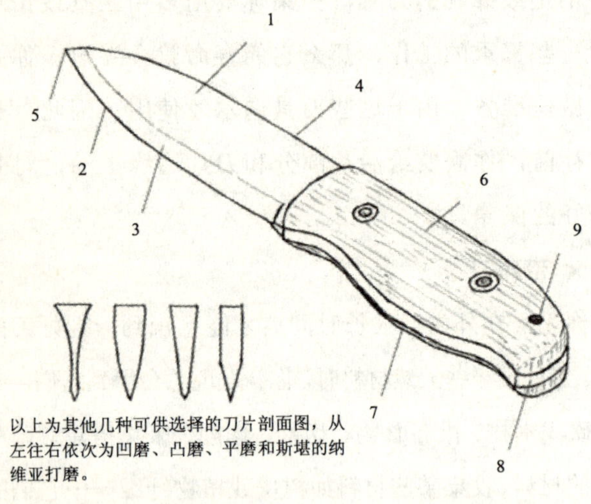

1. 刀片；2. 刀刃；3. 刃边；4. 刀背；5. 刀尖；6. 手柄；7. 刀柄脚；8. 刀柄；9. 绳孔

图 3 带鞘刀和刀片剖面图

刀背两侧的锐角既可以用来从小树上剥下绿色的树皮，也可以用来与点火棒擦出火星。然而，如果你打算利用拇指控制刀背来进行多项切削东西的工作，那么锋利的边缘肯定会割破你的拇指。因为这个原因，那些经常切削东西的人有时会准备一个额外的小刀片来进行一些精细的工作，这种刀片具有一个圆润的刀背。

⚒ 开锋和刃边

刀片类型和长度的选择大多取决于个人喜好，但是，总的来说水滴式刀尖平磨刀片将是一种最为实用的通用刀型。带有水滴式刀尖的刀片，其刀背向下延伸至刀刃，刀刃向上延伸至刀背，因此刀尖位于刀片的中央线附近。开锋是指如何给刀片打磨出刀刃。开锋的方法很多，这取决于刀的使用目的。凹磨是把刀片打磨成缓缓的凹状，通常用于猎刀和剥皮刀，而平磨是将刃边磨平，使刀刃更加结实牢固，可用于进行一些任务较繁重的工作。

平磨通常包括主刃角和次要刃角。主刃角是指根据平磨的类型，在任意一处沿刀片宽度逐渐将刀片磨薄。倾斜较大的次要刃角或磨削刀刃从刀刃起宽 2mm。这种打磨形式，可以使刀片具有很薄的刀刃，切割效果好，次要刃角可以使锐边更加坚固。同时，打磨时需要打磨掉的金属较少，因此，开锋快。然而，刀片开锋的面积很小，因此在野外凭借肉眼以正确的角度进行打磨并不是一件轻松的事情。

斯堪的纳维亚平磨（也被称为斯堪地磨）是在平磨的基础上演变而来的：以大小为 8～10mm 的连续式的角

度向上打磨刀片，并以 25°～30° 的角度与刀刃相交。这种打磨方法专用于伐木刀片的开锋，可以在较厚的刀片上形成极为锋利、坚固的通用刀刃，同时，在现场打磨中，你可以方便地检查打磨角度是否正确。而对于那些非常繁重的工作，例如劈开硬木，使用斯堪的纳维亚磨刀应该特别留意，因为它容易产生缺口。如果砍伐工作要比切割工作多，那么你应当选择一个采用次要刃角的刀具或是一把类似于斧子的凸磨刀具（虽然很难在现场保持正确的开锋角度）。

尺寸

一个通用刀具刀片的最佳尺寸为 25mm 宽，100～125mm 长。较大的刀片会使一些精细的工作变得困难。刀片越厚，刀具更加坚固，但是，拿在手里会很重并且很笨拙，因此，你应当挑选厚度为 3～4mm 的刀具。刀片越小，越容易打包并且携带起来更加方便，这也意味着，当你需要时，更容易随时取用。你应当习惯使用这样的道具，并且提高自己的切削技能，因为将这些小刀用得恰到好处可以获得意想不到的效果。

刀片大小和韧性

钢所承受的硬度称为韧性，它的度量单位是洛氏硬度（Rockwell hardness）。洛氏硬度值越大，刀片的硬度越强，但是如果该值过大，即使刀刃非常坚固，刀片也会变得非常脆。因此，最好挑选那些洛氏硬度值为 50 的刀具。

⚒ 刀片材质

刀片材质一般在不锈钢和高碳钢之间进行选择。如果将高碳钢闲置在潮湿的环境中，容易褪色和生锈，但是如果你在每次用完后都记得对刀具进行清洁和干燥，这一点将不会成为困扰你的问题，如果你知道很长一段时间不会使用它，还可再给它涂一层食用油。与高碳钢相比，不锈钢具有更强的防腐蚀性，但是如果你懒得动，而且刀刃已经钝化，打磨会有点困难。然而，一旦你拥有一个刀刃锋利的不锈钢刀，它的锋利度往往会比碳化钢刀刃的维持时间长。尽管不锈钢刀片具有良好的防锈和锋利保持度，但是拿在手中没有分量，而碳化钢刀片则不同，无论是从外观还是感觉上来说，拿在手里都像是一个专业工具，只一刀就可以将木棍切断。

⚒ 舌片

藏在手柄中的刀片部分被称为舌片。首先，棍舌是指手柄内的绕着狭窄刀片而形成的一段很薄的钢条。有时，在上面会穿一根铜丝，将刀片紧紧地夹在手柄上。一个较为传统的做法是，在刀片伸出手柄的地方对钢材进行软化，以便再用榔头捶打，使刀片紧固进合适的位置。

偏舌片或隐蔽柄舌片并不是沿着整个手柄延伸，但是使用强黏合剂或黄铜销紧固手柄和舌片（这两种方法都适用于较轻任务的小刀，当遇到任何横向力时，这种刀具的力量大部分取决于手柄材质的硬度）。最后，整体式舌片，即刀片和手柄采用相同厚度的钢，从而使刀具成为一个整体。手柄的整个形状是由钢材切割而成，手柄的厚度应当使其便于手持，在钢片的两侧安装某种形状的木板或相似材料，同时用强力胶和金属销钻通手柄和钢舌。用这种方法制作的刀具最坚固，如果手柄片损坏，你的刀具仍然可以使用，并且还可以当场进行修理。手柄的设计应适合手持，但是，有些手柄的设计似乎是为了追求好莱坞式的形状，当然，你不会喜欢用这些刀具来切削东西。

刀鞘

直柄刀通常都会装在刀鞘中进行携带。刀鞘的质量往往能够体现刀具的质量。你应当选择一个结实、设计精巧的刀鞘。检查刀鞘刀片进出的部分，看其是否会划破缝合处或是自己的双手，刀鞘应该紧贴着刀具。质量好的皮刀鞘利用湿压式成型的方法环绕刀柄四周，形成一个几乎密闭的真空。即使从上往下摇晃刀鞘，刀具也不会掉出来。

用来装取火工具或微型磨刀石的小袋子或小套子也可方便地用来当做刀鞘。可以在刀鞘上钻一个小孔，穿一根绳子，系在脖子上（仅推荐小型削刀或剥皮刀，除非你想累得自己直不起腰来），或者像便衣警察的枪套一样挂在腰间。大多数刀鞘都有一个槽环，可以穿在皮带上。尽量挑选那些耳圈上系着绳子的刀鞘，以便你需要时将其挂起来。

刀具是一种非常重要的救生工具，因此，你应当养成定期查看它是否还插在刀鞘中的习惯，以防在难以预测、颠簸幅度极大的旅途中丢失。

🛠 刀具的携带

谨记并非每个人都将刀子当做一件工具，因此，当你踏上旅途时，应当将其安全地装在帆布背包中，不会露出来。当然，千万不要在公共场所佩带或拿出刀具，除非你想亲自体会一下武装反应部队的反应速度。事实上，除了遇到真正的危险，你应当始终确保自己在公共场所持刀的原因是合法的。在过去几年中，少数无知的人利用这些实用的日常工具进行犯罪活动，这是多么令人感到羞耻的事情！

🛠 刀具的安全使用

医疗救援在千里之外时，无意将自己或其他人割伤是不可取的，因此，无论何时使用刀具都要先谨慎思考再进行以下检查：

- 如果你携带任何类型的锋利的切削工具，必须同时携带一个装备齐全的急救包，它必须能够用于紧急伤口处理，直到你可以得到适当的治疗。
- 刀具不用时，或者你需要来回走动的时候，应当将刀具安全地装在刀鞘中。佩带一把没有刀鞘的刀具在森林中短距离行走是非常危险的，如果你被绊倒或滑倒，可能会造成意外事故。当你拔出刀具时，应当注意自己持刀鞘的方式。手应放在刀鞘口下方确保安全，以免割伤手指。

❖ 在一定的安全区域才能掏出刀具使用。这个范围是双臂水平打开后旋转 360° 所覆盖的范围。如果在这个范围内有另外一个人，应当主动离开（或让别人离开）。

❖ 所有的切削活动都必须制订相应计划，自始至终都要进行控制。切削时，应当使刀具和身体保持一定的距离，并始终考虑收杆动作。当你成功切开木棍后，刀片要放在哪里？过去我曾见过有人将自己的腿当做一种工作台——这不是个好主意。

❖ 进行任何切削，尤其是需要花费很大气力的切削工作时，始终在双腿的一侧进行。切勿在双腿中间进行上述活动。如果你不慎割到大腿上的股动脉，那么你就会受重伤，甚至有可能会丧命！

❖ 只要你保持清醒的头脑，当你坐下切削东西时，就要养成习惯始终将双肘放在膝盖上，从而确保你可以远离易受伤的大腿内侧区域，安全地进行切削工作。

- ❖ 工作时，切勿将刀具戳进圆木或地面。如果你的双手被雨淋湿或出汗，会很容易滑过刀柄落在刀片上。同样，如果刀具扎在圆木上，会将大部分刀片暴露在外，容易造成过往行人意外受伤。而埋在地下的刀具肯定会与岩石或石头发生碰撞，造成刀刃钝化。使用钝化的刀具会非常危险，切东西时需要往刀背上施加更多的力，一旦打滑，更易造成严重的事故。
- ❖ 切勿将刀具用来挖地。相反，可以用它将硬木削成一个挖掘棒来进行挖掘工作。
- ❖ 你的刀具应具有多种用途：前一分钟用来切削帐篷桩，下一分钟就可以用来切菜。将刀具装回刀鞘尤其是在切完野味和肉类后，应当进行适当的清洁。

劈砍工具

在林地或森林中，一个沉重的劈砍工具会使你占据优势，但它携带起来是非常吃力，并且会增加安全隐患。如果使用不当，任何一件锋利的工具都会造成危险；刀具可能会割破裤子，而一把斧子或砍刀却可以轻松地砍破一双厚皮靴，落在脚上。然而，小心地使用却会使繁重的切碎工作变得轻松，帮助你提高砍伐速度更迅速有效地清除废木材，砍倒树木，并创造出一个木制建筑的新世界，而利用一个小刀具来完成这些建筑是完全不可能的。在一些树木葱郁的地方，一个体积大、质量大的劈砍工具被认为是最主要的救生工具，对于那些技艺娴熟的人来说，它可用来进行砍、划、伐、劈，甚至是一些精细雕刻和屠宰工作。一般而言，较长的劈砍工具例如砍刀，最适合用于丛林环境，而可靠的斧子表面上看来似乎很难适应林地作业。大刀片的生存刀，其功能用途往往介于两者之间，但是，我觉得它们既没有斧子那样的效率，更没有砍刀那样的重量，同时使用的时候更费事、更容易使双手产生水疱。

斧子

在搜索一把合适的斧子时，你会看到各种形状、大小不同的斧头和手柄，专用于各种不同的工作。一般在边缘地区广为使用时，可选择一把斧头重约 750g，斧刃为弧形，长为 9cm 左右的斧子。开锋时，斧刃应微微成凸起状，从而增加斧子的力度。与刀具一样，斧子不能锻造得太脆，否则会产生裂口。同样，斧子应当时刻保持锋利，因为一把锋利的斧子可以完成你期望完成的任务，而一把钝斧子会突然弹开，非常危险。从长远来看，使用一把锋利的斧子更加节能，因此，建议定期进行打磨。

手柄应当采用直纹木制成，例如白蜡木或山核桃木，因为直纹木抗振能力强，手柄长度为 4.5～6.5cm，设计符合功效学，根据斧刃雕成一个扁平的椭圆形，以便使用的时候很舒适。

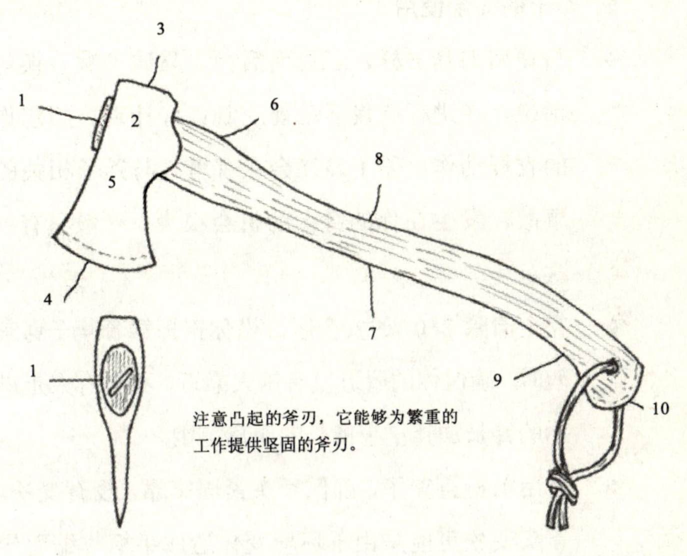

1. 眼；2. 斧头；3. 宽平端；4. 斧刃；5. 斧脸；6. 柄肩；7. 柄腹；8. 柄背；9. 手柄；10. 球形柄

图 4　典型的丛林斧设计

有时，你会发现一些斧子的手柄是一块完整的有机玻璃，但是木制把手具有在野外易于修复的优势。手柄和斧头连接起来将使你的背包增加 1～1.5kg 的负重，因此，应当仔细考虑你要前往的地方以及斧子的用处。包内较小的短柄小斧是一种诱人的选择，因为其重量轻，但是它并不能完成一些大斧的作业。当然，利用金属斧子进行的工作都可以用原始的方法完成——只是它们花费的时间较长，需要花费更多的气力和耐心。

🛠 斧子的安全使用

- ❖ 与使用刀具一样，三思而后行，只砍一次。换句话说，在进行砍伐活动前应制订好计划。想想你的收杆动作，斧子最终会在哪里。与斧子相关的事故，发生在你的身上的机会很少，一般只有一次。
- ❖ 完全清除 360° 的安全区。当你正挥舞着斧子劈东西时，确保你的附近没有闲人靠近，不会有人走进你的臂长加斧子手柄长的距离范围。
- ❖ 使用前检查斧子，确保斧头紧固牢靠，没有变松。斧头变松可能是由于环境变化造成手柄收缩而导致的结果。将手柄浸泡在水中是一个临时的解决方法。
- ❖ 清除一切妨碍挥舞斧子的障碍物和干扰物。这包括身上挂的饰品、摆动的衣服、嗡嗡作响的昆虫以及那些爱说话的朋友。

使用斧子劈开圆木时，将一个平树桩或类似的木质表面作为垫板，并将圆木放在木桩的最远处，以防失手。

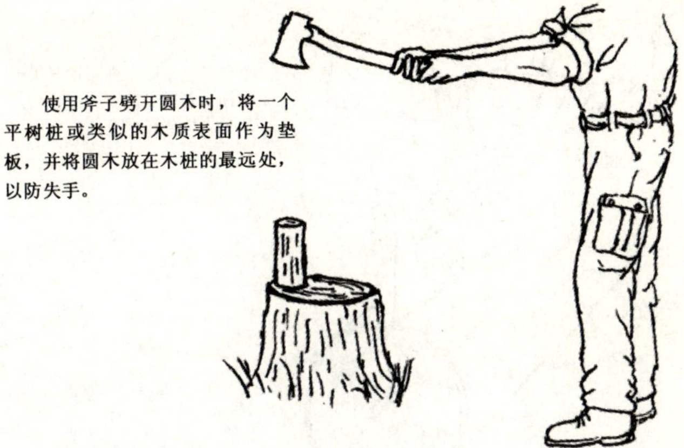

从倒下的树上砍伐树枝时，始终从树的远侧进行砍伐。这样可以确保树干始终保持在腿和刀片之间，形成额外的安全保护。注意：最好顺着树枝的生长方向进行砍伐。

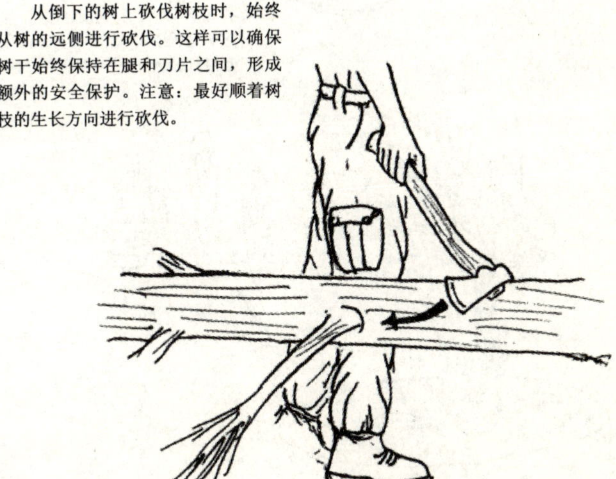

图 5　斧子的安全使用（一）

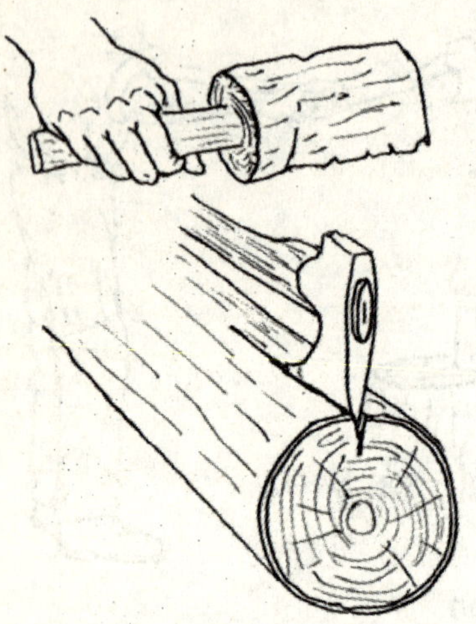

劈开圆木时，你可以只用一根木槌击打斧子的宽平端，但是切勿使用铁锤进行击打。

使用斧子进行切削时，在下面垫一个坚固的木垫板，斧刃的高度切勿超过另外一只扶着圆木的手。

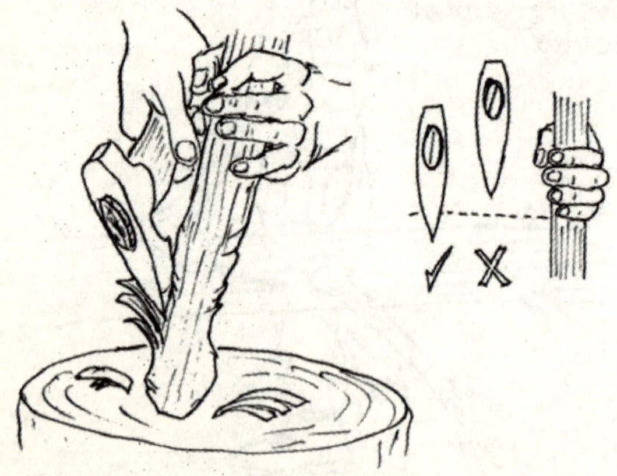

图6　斧子的安全使用（二）

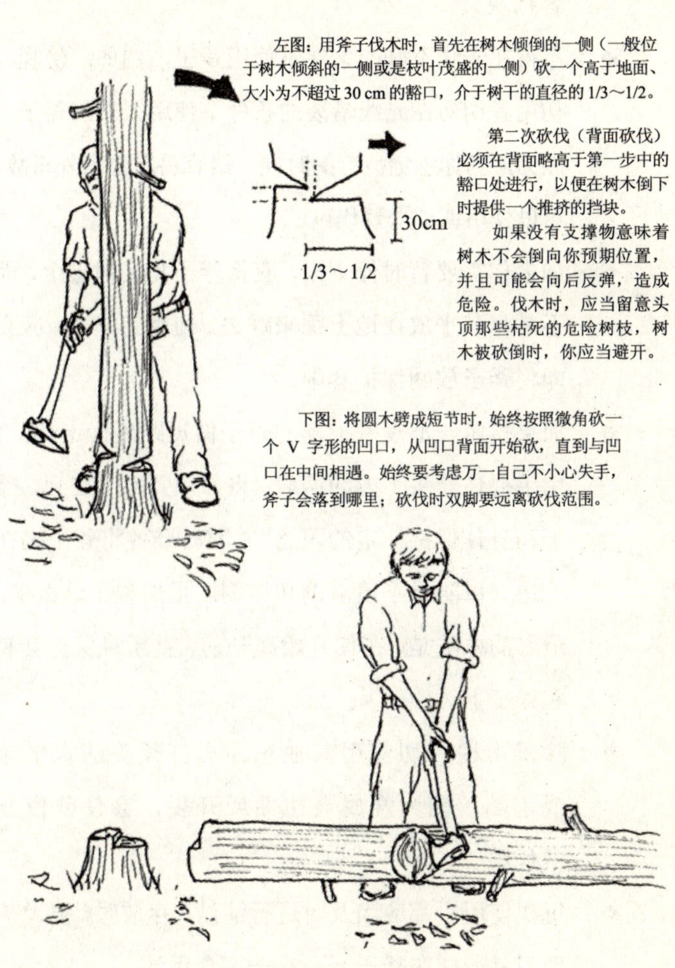
左图：用斧子伐木时，首先在树木倾倒的一侧（一般位于树木倾斜的一侧或是枝叶茂盛的一侧）砍一个高于地面、大小为不超过 30 cm 的豁口，介于树干的直径的 1/3～1/2。
30cm
1/3～1/2
第二次砍伐（背面砍伐）必须在背面略高于第一步中的豁口处进行，以便在树木倒下时提供一个推挤的挡块。
如果没有支撑物意味着树木不会倒向你预期位置，并且可能会向后反弹，造成危险。伐木时，应当留意头顶那些枯死的危险树枝，树木被砍倒时，你应当避开。
下图：将圆木劈成短节时，始终按照微角砍一个 V 字形的凹口，从凹口背面开始砍，直到与凹口在中间相遇。始终要考虑万一自己不小心失手，斧子会落到哪里；砍伐时双脚要远离砍伐范围。

图 7　斧子的安全使用（三）

- ❖ 不得直接在地上劈——用一个圆木作为挡板或者挡块。
- ❖ 不得在光线不好的条件下使用斧子，例如：傍晚。初用者切勿在光线暗淡的条件下使用很重的斧子。因为，当你感觉疲劳的时候，最容易发生意外事故。可以使用锯子来替代。
- ❖ 如果你需要暂时停下来，应将斧子扎到树桩上，而不是将其平放在地上踩来踩去。使用完毕后，应立即将斧子放回保护套中。
- ❖ 如果携带一把没有护套的斧子做短距离行走，应当用手握住斧头下方的柄肩，将刀片背对着自己。斧子和身体保持一定的距离，并随时准备将斧子扔在一边，以防你不慎滑倒和摔倒。虽然说了这么多，最好的办法是，在你开始离开前，重新将保护套套在斧子上。
- ❖ 除了木槌，切勿用其他东西击打斧头的宽平端或末端，因为金属会扭曲或开裂，会使砍伐非常危险。
- ❖ 每次使用后都应当及时进行清洁，存放时，要像护理刀具一样在斧子上面涂一层食用油。

锯子

对于那些在夜晚旅行的森林工匠或路行者而言，木锯子将是锋利工具的一件极好的替代品。它既可以是一个折叠式修剪锯子，又可以是一个稍大的弓锯，在要求更高的旅行中甚至两者都要具备。一个实用的锯子可以完成精细的切割工作，它比斧子更适合用来切割绿色的树木。它会增加实际利用材料的大小，并且提高切割准确性——对于在偏远山区的木匠而言，它是一件非常重要的工具。

袖珍锯子

救生钢丝锯仅可用来应急，而且寿命极其有限，因此，不应当将其视为一种重要工具。最好和一个同伴同时拉锯，或者将其安在一个临时制作的某种框架中。这些锯子设计小巧可以装进背包中，质量轻盈，但在使用过程中会过热，并且常常折断。袖珍链锯较好，但仍然不能作为定期使用的工具。

就折叠式修剪锯而言，材料的大小取决于刀片的长度，从 125mm 的口袋修剪锯到 500mm 的大修剪锯。第一次使用修剪锯，你会吃惊于这样一个轻质、便于携带的工具可以让切割工作变得如此容易。千万不要被这种看似塑料的手柄愚弄：这些刀片上都带着尖锐、锋利的锯齿，在一推一拉之间，锯齿的切割效率会很高效。同时，它们也有可能扎入手指，就像小小的吃人鱼一样！为了使锯齿的锋利度保持时间更长，它们都会经过硬化处理，因此，这些锯齿通常无法磨尖，但是，刀片变钝或损坏后更换新的锋利的刀片十分容易。在长途旅行中准备一对备用的刀片当然是值得推荐的。为了安全运输，应将卡纸缠在刀片上并用胶带束紧。

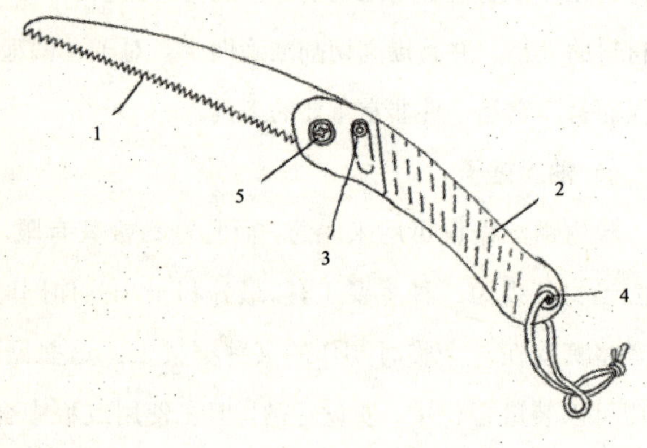

1. 锯齿；2. 橡胶握柄；3. 自锁开关按钮；4. 系索；5. 用于卸除和更换刀片的螺丝

图 8　一把设计精良的通用型折叠式袖珍锯

弓锯

一个较大的锯子显然能够应付更加大型的工作，因此，在林中固定营地的四周进行长途旅行时，它非常值得携带。一把好的弓锯，也称为架锯，可以锯断一些非常厚的木材，切面直径很大，可以用来进行木工活，例如燃烧一夜的圣诞柴、半永久遮蔽所的承重结构，除此之外还可以制作像朝天龙（Popeye）的前臂。如果你认为装一把橘色的山特维克大弓锯很麻烦，那么你可以自己制作一把传统的折叠式锯子，用到的材料有一根锯条、一对螺栓、一些结实的绳子以及一个国产自制硬木框架，制作过程非常简单。

你甚至可以用当地找到的木头，现场做一个这样的框架。

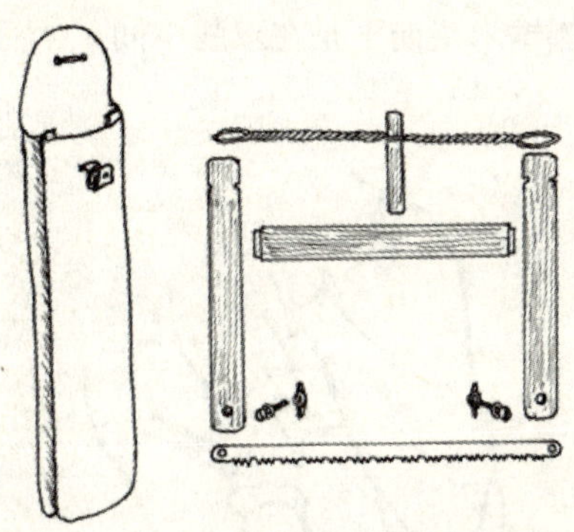

用来支撑钢锯刀片，上面带着一些容易拆卸的蝶形螺母。横放的木条必须嵌入两侧框架中，嵌入点必须保证锯子可以进行大圆木的切割。框架顶部有一条绕绳，用来拉紧框架。锯子打包或不用时，始终在刀片上套上防护套。

图 9　自制木架锯的框架

⚒ 锯子的安全使用

无论是大锯子还是袖珍锯，使用之前都要像使用刀具或斧子那样进行预先计划。千万不要手持锯木或是用身体任何部位支撑它。相反，你可以在锯木下面或者一棵放倒的树的一侧垫一个锯台，大圆木或树桩是理想之选。采用站立或跪蹲的方式将锯木牢牢地压在脚下，并使要切割的部分伸出锯台。

或者，找一个带“V”字形分叉的结实的树干，将锯木从两个分枝之间穿过。一只手拉动锯木，使其牢牢地卡紧后再开始锯。

锯木卡紧后，就要开始锯了。注意自己站立的位置：应在双腿的一侧锯木头而不是在双腿中间。

穿着靴子，一只脚踩在树桩上，压紧锯木。

图 10 锯木（一）

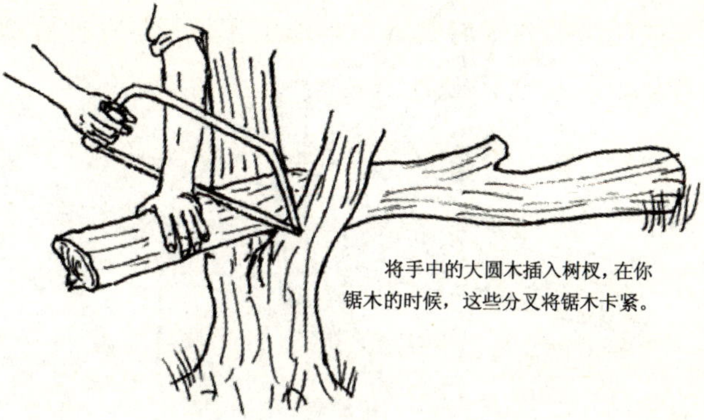

将手中的大圆木插入树杈，在你锯木的时候，这些分叉将锯木卡紧。

图 11　锯木（二）

锯齿对准锯木，将锯子朝着自己的方向拉动几次，就可以将其锯断。切勿将锯木靠近第一个锯齿，因为这些粗糙的锯齿在扎进锯木前，容易向四周打滑（使用弓锯时，一只手从刀片上方穿过框架，抓紧锯木。这样可以确保刀片弹起时，手可以握在刀片顶部没有锯齿的部分）。正如你看到的，伸出锯台的部分将稍稍下落，打开缺口，从而使整个锯木过程更加简单。

计划自己的撤收动作，刀片穿透锯木前，应放缓推拉动作。这样你就可以保留一些控制，同时避免这些锋利的锯齿在突然弹出时剧烈摆动。如果刀片突然卡住，应停止锯木，并弄清原因。

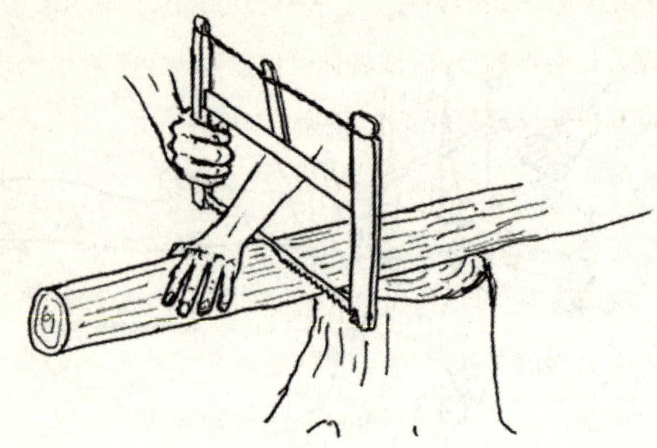

从刀片上方穿过框架摁住锯木，以防止锯掉自己的手指。

图 12　锯木（三）

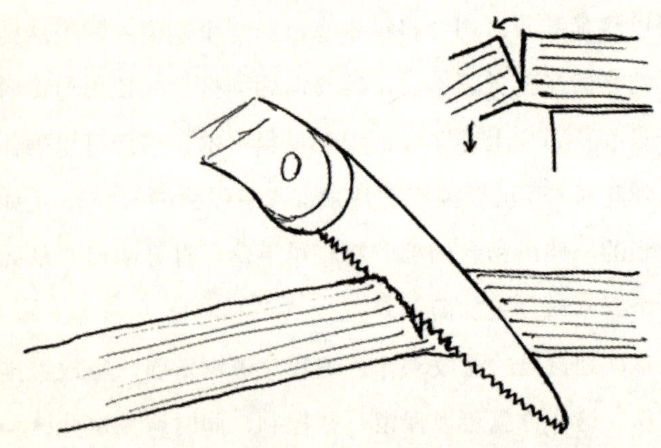

锯木伸出锯台的部分使锯口在重力的作用下裂开，从而防止锯子被卡住。

图 13　防止锯子刀片被卡住

在伸入木头的刀片上方的开口处敲进一个小楔子，从而加速刀片两端的分离，或者你仅仅需要一个人在锯木的另一端将其折断，这样就不会将锯子卡住。

其他雕刻工具

弯刀、钩形刀和勺形刀不但可以作为直接的救生工具，而且对野外生活而言它们还是非常有用的加工工具。它们通常由一个木把手和狭窄的弯刀片组成，过去，人们常常用它们将独木舟和船桨雕刻成木制器皿、杯子、碗和粗篮。这些刀具的形状和大小各异，这取决于原产国：受印第安人影响的刀具，一般只有尾部微微呈弧形；而采用斯堪的纳维亚风格的刀具，常常会带有更多的钩形曲线设计，从而便于进行挖掘工作。我总会携带一种这类的刀具，因为它们很轻，并且总能派上用场，尤其是在篝火旁度过漫长冬夜的时候。令人感到不可思议的是，这些刀具从来没有保护套，因此，如果要在野外进行使用，你需要施展自己的木工技能，工作时应在底下垫一块皮子、木板或树皮。

丛林工具的打磨

我还记得自己13岁刚开始进行野外生活时，对使用的刀具感到非常沮丧。我只能用它来切割东西，而其他工作的要求似乎比我的预期更高。我带着刀具回到家中，夹着它从父亲的百得包中找一把粗锉打磨。幸运的是，它只是一个便宜的道具！但是，它让我惊讶地发现打磨能够极大地提高切割能力，不久以后，我便掌握了如何使刀片变锋利的方法。然而，直到我完成了木工培训，才开始明白一个锋利刀刃对工匠的重要作用。一个定期进行打磨的刀片使用起来更加安全、容易。努力使一把迟钝的刀具穿过木材坚韧的纤维只会浪费气力、四肢酸痛，更不用说那些削的杂乱碎片。同时，由于使用迟钝的刀片需要花费过多的力气，你受伤的机会倍增。因此，应当使切割工具保持锋利，随时准备投入使用。

⚒ 磨石和便携工具包

磨石按照粒度分为不同的等级：粒度值越小，磨石就越粗糙；磨石越粗糙，磨掉的金属就越多。要将钝刀片磨得像剃刀一样锋利，你需要一块粒度为 800 左右的粗磨石、一块粒度为 1 200 的中磨石以及一块粒度为 6 000 的细磨石。日本产的水磨石是一种双面磨石，一面是中磨石、一面是细磨石，使用时非常方便。如果你很少使用粗磨石来保养刀片，那么这种双面磨石会出色地完成打磨工作。它的另外一个优势是，体积小、质量轻、磨石效果好、大小等同于房砖，因此，你可以用一个钢锯条将其锯成一块更小、更容易携带的磨石。

将双面磨石装在一个密封的小塑料盒中，然后放入一个小袋子内，这个袋子里装着一些细砂纸、一个长为 12mm 的铜管和一个微型粗精钢石锉（它的价格没有听起来那么昂贵）。用细砂纸裹住铜管，以便能够从弯钩形工具的内部轻轻祛除尖锐的毛边，而微型粗精钢石锉用来打磨斧子或刀具损坏或非常钝的部分。细砂纸还可以用来磨平双面磨石一面的细磨石，这一面很软，容易产生刮痕或不均匀的磨损。身上的皮带对折后也可以作为一个磨具，但是如果你没有带皮带，因为即使没有皮带，你的裤子也可以安全地贴在身上，那么你也要在包中装一截短皮子用作磨具。将一小段橡胶垫铺在石头上也可以用来打磨东西，它是一种非常常用的磨具，因此也应当装入打磨工具包中。

磨刀

使用磨石前，应将其浸泡在清水中。水可以起到润滑剂的作用，帮助金属刀片轻松在磨石表面划过。同时，它还可以冲去多孔磨石上的金属粒，产生一种研磨膏，更有利于研磨工作的进行。这一点凸显了水磨石超越油石的巨大优势：随时可以进行润滑，并且更加环保。如果你非常在意刀具的锋利程度，那么你可能仅仅需要一块细磨石来打磨刀刃，但是这种磨石的粒度往往会降低为中等粒度。

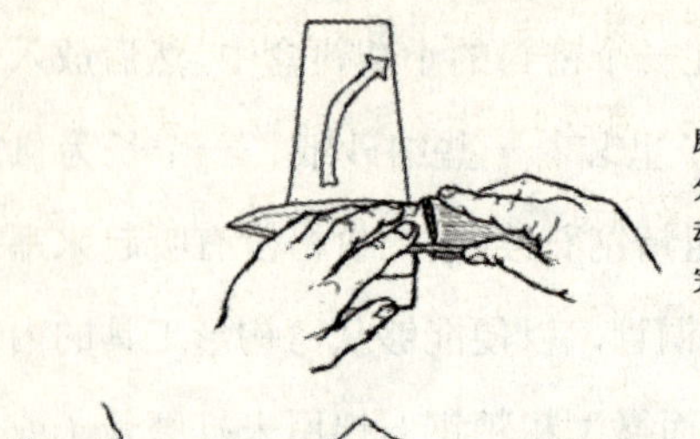

用手将锋利的斜面压在磨石上，并使刀片的每个部分均匀受力，沿弧线向前推动刀片，从而在一个动作中完成整个刀刃的打磨。

将刀片翻过来，从对面开始打磨，施力均匀并且打磨次数相同。刀片面向自己时应当格外留心。

图 14　磨刀

将刀片平放在磨石距离自己较远的一端。将刀背翻起，直到打磨的斜边平压在磨石表面。如果是正宗的斯堪的纳维亚磨刀，打磨的一边将是整个斜边；如果是次要斜边，打磨的将仅仅是刀刃。刀片与磨石接触时每个部分受力要均匀，沿着一个微微的弧线将切削边从自己面前推开，确保每次打磨时整个切割边都与磨石接触。在整个过程中，应尽量保持相同的角度，当你快要将刀片推拉出磨石两端时，应将刀片倾斜，从而保持刀尖拥有一定的弧度。过度旋转切割边时要留意，刀片切勿与磨石呈垂直，这样会使其变得更钝。同样的动作需进行十次左右，然后换手打磨另一面，仿照先前的做法，再进行十次推拉动作。借助光线仔细检查刀片，它会适时提示你如何调整自己的角度。重复上述过程，每一面都进行十次，不时检查刀片，确保打磨角度的正确性。如果你一直使用的是细磨石，那么可以立即磨刀；如果你使用的是中磨石，磨刀方法和采用细磨石磨刀的方法相同，在磨刀前，要时不时地用水喷洒磨石表面进行额外的润滑。

磨斧

斧子的斧刃可以按照磨刀方法进行打磨，或者将斧子紧握在手中，用磨石贴着叶片旋转进行打磨。斧子的损毁程度会比刀具大，因此，需要使用精钢锉来进行打磨。

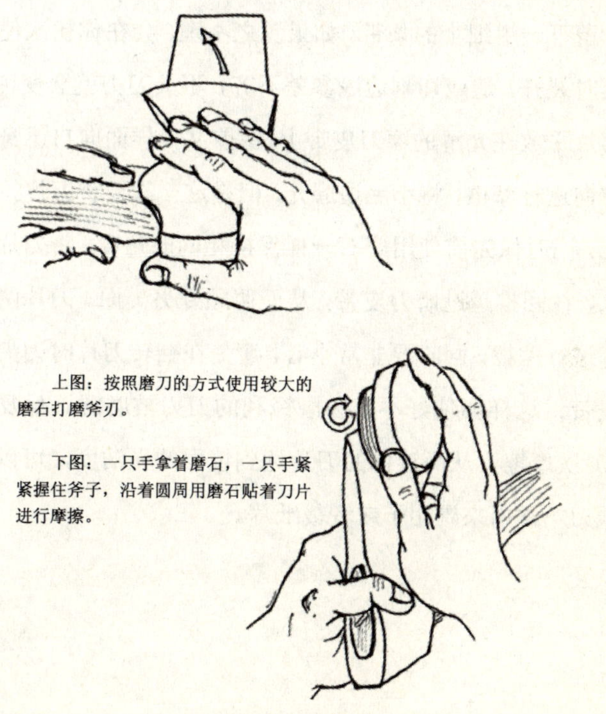

上图：按照磨刀的方式使用较大的磨石打磨斧刃。

下图：一只手拿着磨石，一只手紧紧握住斧子，沿着圆周用磨石贴着刀片进行摩擦。

图 15　磨斧

打磨斧头时要戴上皮手套，或者要非常小心。相比刀具，斧子需要进一步的打磨，因此千万不要忘记继续用磨刀石对斧子进行打磨，同时，当你需要凸磨时，还要不断地变换角度。斧刃倾角应自然融入切割斜边，不会产生任何肩状突起妨碍斧子的使用。

⚒ 在皮革上磨

此时，你的刀具或斧子看起来将更加闪闪发光并且感觉更加锋利，但是，刀片两侧逐渐磨掉的金属颗粒会在切割边缘留下一道细小的条带。如果置之不理，会在你初次使用工具时裂开，造成切割边缘参差不齐，不久刀刃就会变钝。将刀片平放在光滑的磨刀皮带上，像前文一样面向自己身体的方向进行摩擦，将小毛边磨光，但是这一次要将刀片拉向自己，同时像先前使用磨石一样保持相同的角度。将刀片翻过来，往回推越过磨刀皮带，从而照顾到另一面。刀片两面更替进行摩擦，同时要非常小心，避免在翻转刀片时刀尖越出皮带，这样会使好不容易磨锋利的刀刃被磨圆。反复进行 50 次摩擦，从而让你的刀片达到镜面的光洁度，可以像剃须刀一样用来剃胡子或者裁纸片。

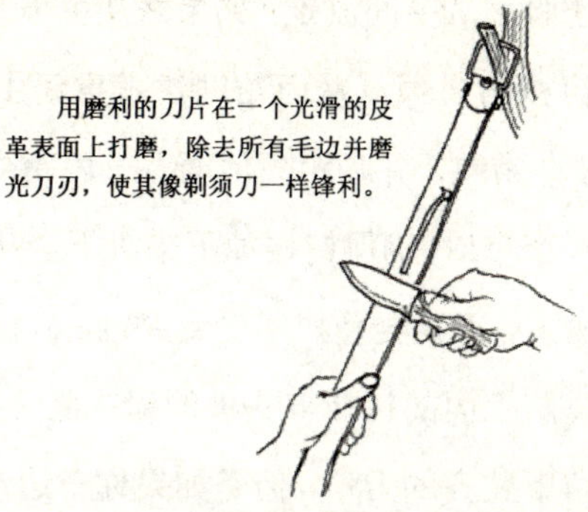

图 16　在皮革上打磨

实用的木刻作业

如果准备携带一些木工工具，你应当懂得如何使用它们。这里介绍了一些实用的木刻作业，它们囊括了大部分你所需的如何有效使用工具的基础木工技术。在篝火附近进行砍伐和修剪是夜间非常重要的活动，但是切勿忘记自身及他人的安全是你每时每刻要考虑的第一要素。始终考虑两次，切割一次！

🛠 挖掘棒

你将经常会用到挖掘棒，尤其是当你寻觅季节性的野生食物的时候。一根长长的挖掘棒还可用来当做手杖，而一根短挖掘棒可用来当做投掷棒。

首先要选择一根长度适中的树苗，直径为 2.5～5 cm。如果是利用矮树桩制成的挖掘棒，应使切边成一定的角度，这样就可以使雨水从中间流走；如果是从主干上割下，则可以始终保留树枝的树颈，从而帮助树木重新生长并自行修复。如果树枝非常重，并且距离地面有一段距离，首先在树枝的底部切一个小口，确保树枝掉下来时不会从树干上剥下一段长长的树皮，否则会使树木受到腐蚀。砍树苗时始终都要向上看，以防上面的树枝被头顶的那些危险的枯木缠住。使用锯子会留下整齐的刀口，但是如果你身边没有，可以用刀子凿，用木板条锤。微微弯曲树苗，这样增加了树皮的张力，在上面切割时会更加容易。检查确保周围没有人会意外受伤，将树苗抓到身体一侧，上面的树枝背对着你，然后使劲将每个枝条剪掉。

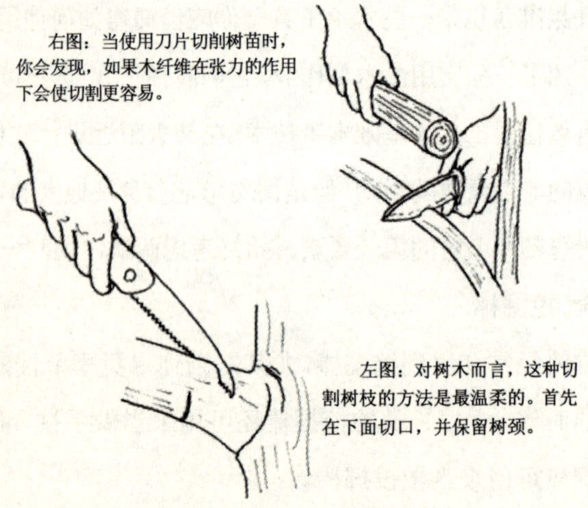

右图：当使用刀片切削树苗时，你会发现，如果木纤维在张力的作用下会使切割更容易。

左图：对树木而言，这种切割树枝的方法是最温柔的。首先在下面切口，并保留树颈。

图 17　制作一个挖掘棒

仔细想一下收杆动作，以及当你完成切割任务时，刀片会落在哪里。始终在距离身体最远的一侧进行切割，因此，你可以将木材置于刀片和腿之间，以防手滑（如果在你选的树苗上，从一处厚实的部位发出一个呈“√”形的树枝，将其保留，可以用来悬挂水壶和其他东西）。

用大拇指使劲按住刀背，在挂水壶树枝的下方切几道裂痕。将一块木材视为一大捆纤维而不是一个坚固的物体；每次在上面切削一些纤维，而不是削光。沿着圆周进行切割时，形成的刀口会越来越深，最终甚至可以将非常粗的木材切断。这种切割方法通常被称为莲座切割，因为其切割面类似于莲花的花瓣。剪去这些“花瓣”后得到一个平整的切割边缘。沿着木棒或木棍四周切一个较为缓和的角，这种方法被称为斜切或“圆切”，它使木棍拿在手里更加舒适，并且可以加固木棍的顶端，从而降低木棍敲打地面时开裂的机会。控制切削过程，当木棍被切断后，应当避免切到大拇指的衬垫。

将挖掘棒的另一端立在一个结实的砍墩或放倒的树上。利用刀具和重木条作为凿子和木槌，以 45° 角切入棍子的末端。将木棍转个方向，在另一面重复以上的操作，从而在木棍的末端留下一个凿尖。再切两下使凿尖形成一个尖锐的刺尖。注意：应当选择一块硬木平面垫的下面进行削尖而不是在布满石头的地上进行（那样的话，你的刀片可能会开裂），更不能是在空中进行（那样的话，你会一无所获）。

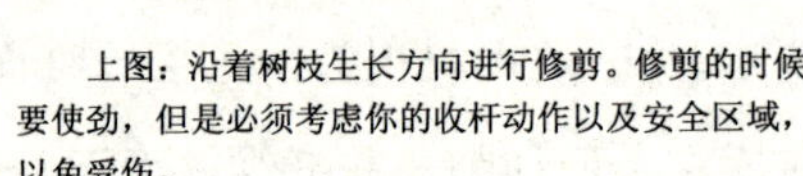

上图：沿着树枝生长方向进行修剪。修剪的时候要使劲，但是必须考虑你的收杆动作以及安全区域，以免受伤。

下图：莲座切割是一种沿着圆周进行切割直到木材变得十分易断，从而将其切成小段的切割方法。

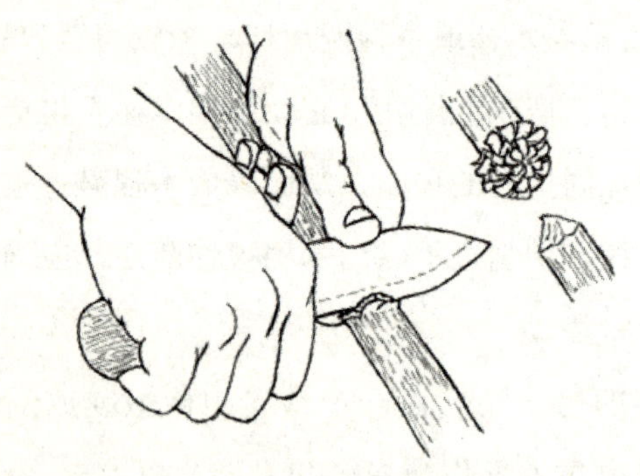

图 18　修剪和打尖

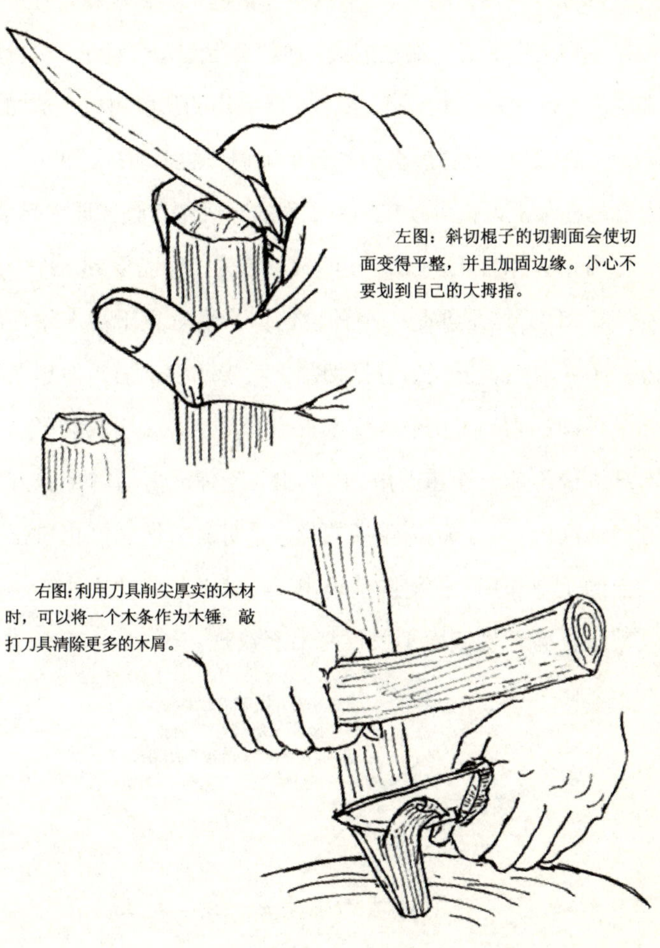
左图：斜切棍子的切割面会使切面变得平整，并且加固边缘。小心不要划到自己的大拇指。
右图：利用刀具削尖厚实的木材时，可以将一个木条作为木锤，敲打刀具清除更多的木屑。

图 19　斜切和削尖

🛠 水壶挂

木棍一侧预留的“√”形树枝非常适合于多项露营任务。如果你将木棍的另一端也削尖，你就会得到一个钉子，可以用来逃生，或是做一个陷阱。或者，在突出的那段树枝上均匀地刻上一斜凹口，这样就会得到一个可调节的水壶挂，既可以将水壶吊在火上，也可以在不用水壶的时候将其整齐地挂起来。

为了在木棍上刻上一些凹痕，首先，你需要刻一个“切割停止口”。这主要是一个预设切口，沿垂直于树木纹理的方向（树木生长方向）进行切割。对于凹痕而言，你想得到一个很深的刀口，几乎达到木棍直径一半，这样做就可以在木纤维中形成一个重要缺口，因此，当你沿着树木生长方向进行切削时，不会超过预期的位置。明白了切割停止口在木工中的重要作用，你就向前迈出了一大步，这样才能够越过纹理进行有效切割而不仅仅是沿着纹理。

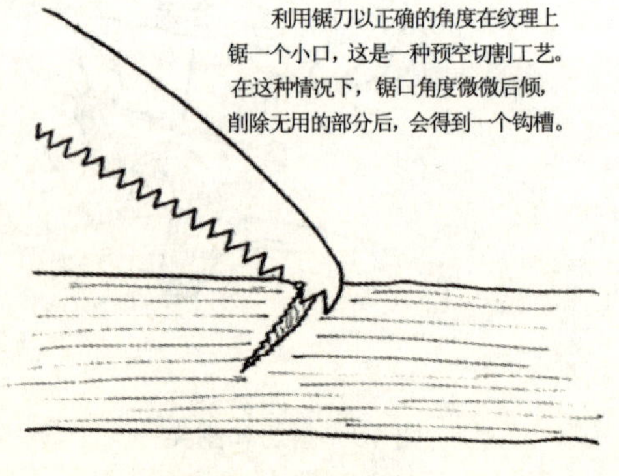

图 20　切割停止口

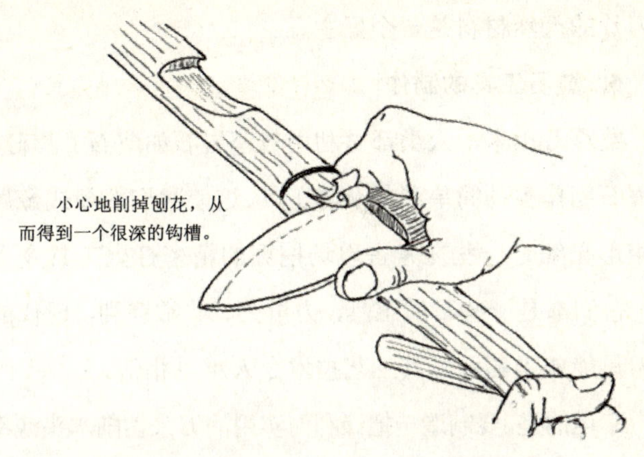

图 21　朝着切割停止口削除无用的部分

拿起你的壶挂，决定凹痕的朝向，然后小心地扶着棍子的一端，开始削出凹槽的倾斜部分。切记要集中清除那些细小的刨花，同时，在你接近切割停止口的时候要减小向下的压力，以免切割时超过切割停止口并将整个部分削掉，而这都是你不想看到的。要习惯在丛林中使用刀具进行木工活动，因为当你切下木棍生火时，你需要不断练习这些具有控制性的精细的切削技能，并使其完善。提高凹痕切割的能力，将会极大地帮助你制作陷阱装置。

工具的临时制作

当然，你无法保证自己始终都带着刀具、斧子或任何其他锋利的切割工具，因此，熟悉一些过于常用的用来替代金属刀片的天然材料是一个好主意。

🛠 燧石工具的制作

数百万年来，人类都是利用玻璃岩石如燧石、黑硅石、黑曜石制作各种简单和复杂的工具，这使我们的新式金属工具相形见绌！一些在考古现场挖掘的精密打火工具令人惊叹，它们都是一些石质工具，力量大、非常锋利，现代的剃须刀只能望尘莫及，其工艺技术令人难以相信。

幸运的是，要制造一把锋利而实用的刀来切削木头或宰杀野味，你并不需要具备石器时代人类的那样娴熟的木工技术。

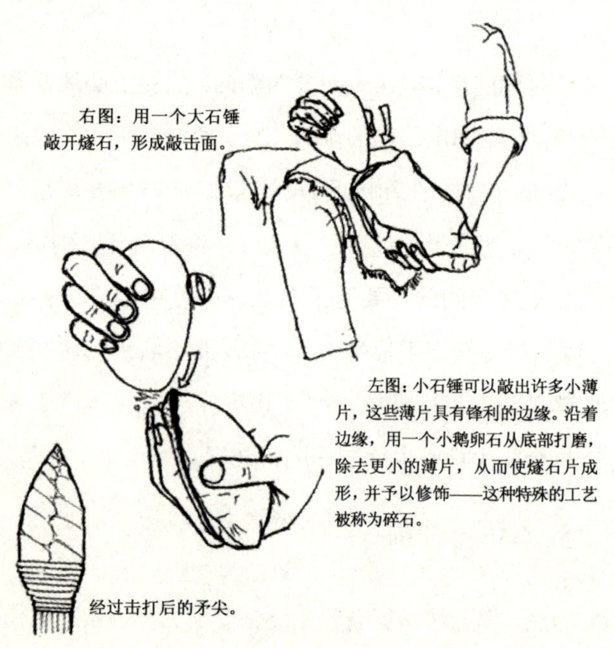

图 22　燧石击打

击打时，应戴上手套和某种眼部保护用具，整个过程都要非常小心，防止自己或他人受伤（因为，燧石会裂成许多像玻璃一样极其锋利的碎片），用一块很重的燧石核使劲撞击另外一块岩石，将其砸开。在燧石的外皮层中，我们会清楚地看到黑色的玻璃质结构。将燧石在地面上放好，用一个番茄大小的光滑的重石头（例如：石英岩或花岗岩）瞄准裸露在燧石外面的顶角，并用劲向下砸，从而去除燧石核上的锋利的燧石薄片。要去除一块普通大小的薄片，必须沿着薄片所在燧石表面的角度，在燧石面边缘上敲出一个 5mm 的裂缝。

一旦得到了燧石片，应当用砂岩将打算手持的锋利边缘打圆，或将其裹在生牛皮中。

可以用一块重鹿角或稍轻的鹅卵石对燧石片进行大致的塑形——按照碎石方法，选择性地敲下一些碎片，以便制成一个矛尖或斧头。这些小碎片和薄片可制成极好的箭头和梭镖投掷器的镖头，只需将其安在木杆的裂缝中。

其他材料的使用

许多其他的非燧石岩石砸开后也可以得到锋利的边缘，不过你需要花费时间和气力才能使这些岩石塑形并将其切割边缘磨得非常锋利。例如，你也可以使用骨骼和鹿角。利用石头楔子可以使骨骼劈开或粉碎，而这些小碎片可以被打磨成矛头、鱼叉，甚至是缝衣针。相比骨骼，鹿角可以较容易地减轻振动，因此，如果你用很大的力气折断一根鹿角，将是一件非常幸运的事情。技巧在于，首先要烤焦你要折断的部分，然后用一块很尖的石头在上面刻痕，之后再用东西将其砸断，如果没有经过这些步骤，很难在完全正确的位置将其折断。而对于那些较小的部分，首先要将鹿茸在水里浸泡几个小时，然后像削绿木一样，用石片将其削成鱼钩、原始的鱼钩和鱼叉，和骨质工具相比，其韧性更好。世界上的一些地方甚至还曾使用削尖和打磨的竹子作为武器的尖端和锋利的切割边缘。

第三章
遮蔽所

遮风挡雨，营造舒适环境

第一次体验真正的遮蔽所要追溯到我年少时，参观威尔士西南部的古城堡遗址上的一座重建的铁器时代圆屋。当我穿过门廊，站在用木料凿成的门楣下，一股熟悉的木材烟味扑鼻而来。

屋内温馨而舒适，在这里不会受到威尔士寒冷的气候袭击。一小堆篝火在屋内中间的浅坑内闷闷地燃烧着，周围摆放着黏土锅和磨石，烟雾在屋檐上回旋，将椽木都熏成了黑色。花雕木床和垫有毛皮和兽皮的座椅是唯一需要的家具。这儿就是一个理想的家了，每一块建筑材料都是取材于周围连绵起伏的山峦，从其外观可以很容易鉴别其前身，可能是一棵树、芦苇或者树苗。充分利用木料的各种特性，如弯曲的木材制成门拱，又长又直但柔韧性良好的榛木可制成的编织结构抹灰篱笆。

尽管这属于近期重建，但最初的建造者一定对每种材料的特性都了如指掌，知道如何操作，何地取材，如何伐木使之恢复生长。

我仔细研究屋子内的每个角落，沉浸于烟雾缭绕氛围之中，寻找这些工艺的蛛丝马迹，并将其带走。虽然我曾在森林中搭建过各种帐篷，但这个圆屋的手艺可谓巧夺天工。它深深地影响着我，我也曾试着模仿其建造过房屋，希望再造那样的奇迹。

正如丛林野外生存训练的各个方面，学习如何为自己和团队的其他成员寻找或搭建遮蔽所有着多重目的。遇到紧急情况时搭建遮蔽所是首当其冲的应做事宜，紧接着是生火，然后再寻找水源，最后寻找食物。在你建造遮蔽所的实践中，不知不觉中你正在培养一种基本的生存技能，这些技能都可以应用于其他领域。打结、捆扎、伐木、加工木材和其他自然资源时，你会从周围获得启发，形成危险意识，这些都会让你受益匪浅。掌握并努力提高遮蔽所的搭建技能正如重新学习一项我们曾经拥有却因搁置很久而变得生疏的基本技能。你将开始了解一些建筑施工的基础知识，预测材料所能承受的负重或者支撑梁的强度。屋面坡度和排水设施尤为重要，这些听起来像只有我们父辈才感兴趣的话题。你将会发现造房原则对于搭建帐篷和用树枝、树叶和土搭建房屋同等重要。返璞归真，你将开始意识到为什么现代帐篷甚至房屋会是它们现在的样子。大一点的图片显示现代房屋如同古代手工房屋建筑。

遮蔽所的设计

任何一位建筑师都会告诉你，设计是所有施工项目中最为重要的环节。轻率而毫无规划地进入建筑阶段是一个常犯的错误，结果建成的房屋不是非常狭窄就是漏雨，甚至还可能会是危房，不能令人满意。因此，为了避免浪费大量的时间和资源，甚至需要对遮蔽所进行彻夜重修（是，我在这儿提到一段不幸的经历），快速浏览能使晚上睡得温暖、舒适而又安全的所有组件是至关重要的。首先要在脑海中构思遮蔽所的轮廓，同时考虑下列因素，工作时应不断检查、重复检查。在修建的同时，也许你还需要对设计进行稍微的修改，这取决于使用的材料和其他显现的因素。

我们在躲避什么并且躲避多久？

也许我们只需要这些遮蔽所来遮挡无情的烈日，提供一个阴凉的休息之地，或是躲避狂风的侵袭，搭建这样的遮蔽所会非常迅速。但是，要搭建一个可躲避倾盆大雨和皑皑积雪的遮蔽所，需要投入大量的时间与精力。在大多数紧急情况下，你的首要目的是获得充分的遮蔽从而度过漫漫长夜，但如果天气恶劣，一整天都需遮蔽所时该如何处理？你也许会需要在低温下生火、拥有足够的空间来回走动，或者在里面进行烹调。搭建的临时遮蔽所，在你有时间的情况下可以进行扩建，搭建这样一个遮蔽所将是一个非常好的计划，日子久了还可以添置床、门、露台。

什么材料可用？

防水布和塑料救生包可以搭在自然遮蔽所框架上从而加速施工或者提高其防水保护性能，如果你有防水布和塑料救生包就可以使用。如果防水布和塑料救生包足够大，并且非常结实，就可以当做遮蔽物使用。把车当做应急避难所时，一定要三思而后行，因为在冬季车内可能比车外更冷，在炎炎的夏季车内会异常闷热。然而，车可以提供野外生存环境所需的有用物品：隔离地面的座椅和地毯，搭建单坡屋顶用的坚固支架连同防水布。如果你想吸引营救者的注意，车会比由岩石、树枝制成的简陋的建筑物在远处更容易被发现；如果车灯和喇叭可用的话，将会是极好的信号装置。

什么工具可用？

如果你只有小刀的话，要切断大小尺寸合适的坚硬木杆绝非易事。枯倒木（不是很理想）或更纤细更易收获的新伐材也许会被用作遮蔽所的主要结构，这一定会影响遮蔽所的设计。要根据你的能力和物力对设计进行相应的改进。

每个人都可以帮忙吗？

团队中也有这样一种人，他们对遮蔽所的搭建无能力但又需要睡觉的地方。仔细思考这一因素会如何影响你的建筑计划。合理进行任务分配，如果条件允许的话，不建屋的人员可以帮忙捡柴火或做饭。

我们有多少时间？

在大部分情况下，你的工作将会有一个期限，即日落。如果你对当地的日落时间不是很确信（可观察太阳和地平线），要想知道到最后一丝光线被吞没为止你还有多少时间，这里有一个简单的小窍门。向身体前方伸出你的一只手，一臂距离，手指平放。将手指放在地平线和落日之间，数手指数。每根手指相当于太阳消失前的余光时间——近似等于15 min。你会是幸运的，只需使用双手，但如果黄昏逼近，而你又没有睡袋，那么生火、收集足够整夜所需的柴火都是重要工作，并且这将会影响到你的建筑进度。

遮蔽所需要有多大？

遇到紧急情况并且需要通宵保护时，一个可容纳 1～2 人的帐篷在一个小时就可以搞定，其大小仅可容纳 2 人，在避免受到外界的侵扰时有效利用体温。如果天气更冷或团队更大时，应搭建一个较大的遮蔽所，可以在里面生火，供里面的人取暖。你可能需要找到一种折中的方法，但你必须注意时间有限，可用的建筑材料和体能也是有限的。

一旦开始建造，你应当非常确定遮蔽所的大小合适。在地面上做一个粗略的标记来作为遮蔽所的边界，这一点尤为重要。我一直都建议凡是打算在遮蔽所中睡觉的人都应保持睡觉姿势在这个划地边界内，依此来决定遮蔽所的大小：既不太大也不太小。

我们需要注意什么危险？

潜在的危险无处不在！涨水、洪水、咬人的昆虫、有毒性的爬行动物、危险动物、正在倒下的树木和落石、雪崩，如果使用篝火取暖，还可能引起火灾危险……

搭建前详细察看周围环境。那些起初看起来干涸的小洼地和沟壑在大雨倾盆时会首先被洪水掩盖。研究当地路径和山径，搜寻当地居民留下的痕迹。在你试图度过寒夜时，你最不希望的事情就是将你的遮蔽所建在食肉动物的后院中央或者大街中央。用一根木棍而并不是直接用手来仔细察看落叶层，因为有一些小型但致命的催眠物质，不要忘记察看潜在的落石、雪崩或危险的巨大的树枝。

当地气候条件将如何影响遮蔽所的位置？

慎重考虑你试图避免的因素。盛行风来自哪个方向？应避免恶劣的气候从门缝直接进入室内，因此需将风向列入你的计划之内。大部分情况下，让风吹到遮蔽所的后部（外部而非内部）是优先选择，但是在单坡屋顶的遮蔽所前生火时，会有涡流形成，滚滚浓烟会迎面扑来。从后面刮来的风横扫前面可以保证吹走浓烟。

如果想知道盛行风的方向，应四处察看当地裸露的草木，观察其在劲风影响下的生长方向。如果周围没有这些草木，观察篝火的烟雾会从哪个方向升腾。

太阳的位置虽然不是关键，但值得做的是观察日出和日落。只要在高山间行走，你便会发现太阳留下的阴影会对某些地区产生重要影响。大雪过后，冰雪融化，花儿沐浴在夏日温暖的阳光中，在那些永无天日的阴冷成荫的洼地中很有可能找到大型雪堆。

工作怎样才能更简单一点？

能源供应可能会不足，因此你须充分利用现有的天然遮蔽处，应尽可能将遮蔽所选在距离建筑材料、柴火供应、水源近的地方。将屋顶草或沉重的椽木从一个地方运至另一个地方是极为耗时的——最好选在门口有原材料的地方。利用天然遮蔽处可以节约能源，最大限度将白天的剩余时光用于其他工作，例如：生火，找水。数千年来，洞穴和悬岩为人类提供天然的遮蔽所，但通常是阴暗、潮湿、寒冷的地方，随时有着被落石压扁或埋葬的危险。靠海的洞穴一定要仔细察看海水泛滥或被潮水隔绝的痕迹。当然，洞穴中很有可能会住着一些生物，会把你当成它们的点心。洞口外面一堆干净的人骨便是很好的证明！

头顶郁郁葱葱的植物是另外一种省时的特征，多以大型多叶树或者藤架的形状出现。试着摘一些从树干中长出来的带叶的小树枝，例如冬青树或松柏类。

树枝巨大粗壮的树木是一定要避开的，原因是我们之前提到过的“寡妇树”，在狂风中会倒下，尤其在暴雨之后。这种现象常见于该科的山毛榉，我亲眼目睹过夜间巨大的树枝不知什么原因突然倒下，有时还会将半截主干带着一起倒下！它绝非是你的理想之选，除非你希望让美梦破灭。同时，应该绕开那种屡次遭到盛行风袭击的根系浅、土壤贫瘠的林地，正如大批倒下的树都指向同一个方向。

对于天然的遮蔽所应保持警惕性，如果你找到一个理想的地方，这将会缩短你的行程，因此你的脑海中不要有理想的遮蔽所这固执的念头。应当开放思维保持高度的适应性。我曾不止一次在浓密的树篱里睡过觉，即使有点扁扁的，但温暖而庇荫。树篱可以提供一种极好的屏障——刺猬就是一个最好的例证。

开始工作

如今，各种自然因素，例如自然史、传统技能、较大地形图的相关知识——开始不断涌现。你认为仅仅需要知道如何搭建一个遮蔽所就行。但事实绝非如此，你需要掌握各种树和植物类的详细知识、特征、土壤类型、木工、盛行风风向……当然，如果无形救生包没有扩大其容量，你就会不知所措，但这也正是“丛林生存技能”中的“技能”或者“生存技能”中的“技能”。

利用你现有资源——防水布遮蔽所

即使你有帐篷、防水布或雨披来作为遮蔽物，所有上述检查仍然适用。在搜寻一个既安全又舒适的营地时，对所列清单上每一点进行深思熟虑是明智之举。知道如何有效利用天然材料也可提高现代帐篷的性能。在寒冷的冬季里，帐篷四周环绕着坚固的木材框架，天然的茅草屋顶阻挡厚厚的积雪，使屋内更加温暖，还有存放设备工具用的有遮阴的门廊。将防水布搭在坚固的帐篷框架上，用圆木墙围出一个做饭的区域，防盗栅栏由带刺的树丛制成，环绕营地。

在训练或旅行时，选择构造合理的天然遮蔽所而非帐篷或防水布。能够在丛林中创造出一个温馨而舒适的家是一种神奇的感觉，它将提供给你一种穿梭紫外光和融入森林的机会。如果资源有限，建造天然遮蔽所是很耗时的，并且有时会影响当地的环境。因此，除非你的旅行将重点放在提高对天然遮蔽所知识的学习，我始终建议你携带睡袋、热垫、轻质防水布或防水雨披以备睡觉使用（防水布用途极为广泛，例如，当防雨套圈、临时担架、营地蓄水池内层和临时小圆舟表层用）。

轻质防水布或芭莎，是坚实美观而小巧的单层遮蔽物。即使尺寸大一点也很容易携带，给你提供 3～4m 的干燥的工作和生活空间。只要你不是巨人，防水雨披会小很多并且有足够的空间供睡觉之用。

用一根长绷索系住防水布的四个角，并用一根较结实的长绳索（厚度约 6mm）作为分水岭（这些长绳索可以应用于其他紧急情况的救援工作）。打包时，将其盘起来并打一个活结固定，然后做好出发的准备，当你再次奔赴营地时不会出现混乱现象。临时准备绷索钉是很容易的，甚至重石和突出根部都可以作为极好的定位点，但如果你希望回避环境的影响，你可以装上一组轻质帐篷桩或预先劈好的桩子。假如你使用防水雨披，可以用可移动塑料橡皮筋和每端的吊钩一起将雨披固定。

用天然材料建造遮蔽所

如果你没有携带任何制造遮蔽物所用的东西，那么你需要考虑使用手边的天然材料。参考你脑中的清单，寻找附近有建筑材料的地点。通常，地址将选在靠树近的地方，最好选在某类林地。不要进入长期居民区，大部分临时住所设计以屋顶为中心并将其作为主要部件。之后再考虑墙和门的问题。一些简易的遮蔽所，屋顶通常也可以当墙用，因为屋顶一直向下延伸直至接触到地面，可以形成一道屏障抵御恶劣天气。挡住寒风意味着你可以有效地降低对流带走你宝贵的体温的风险，因此可以在你身边创造一种稳定的环境，在这种环境中更有可能提升身边的温度。必须将体温保持在

37℃左右，凡是低于35℃的，都属于过低的体温。

这是一种典型的森林专用防水布遮蔽所。建得低，则可以提供全方位的天气防护；建得高，则可以在下面工作或者吊一张吊床。数字对应的是下页所示的各个专用防水布结头。

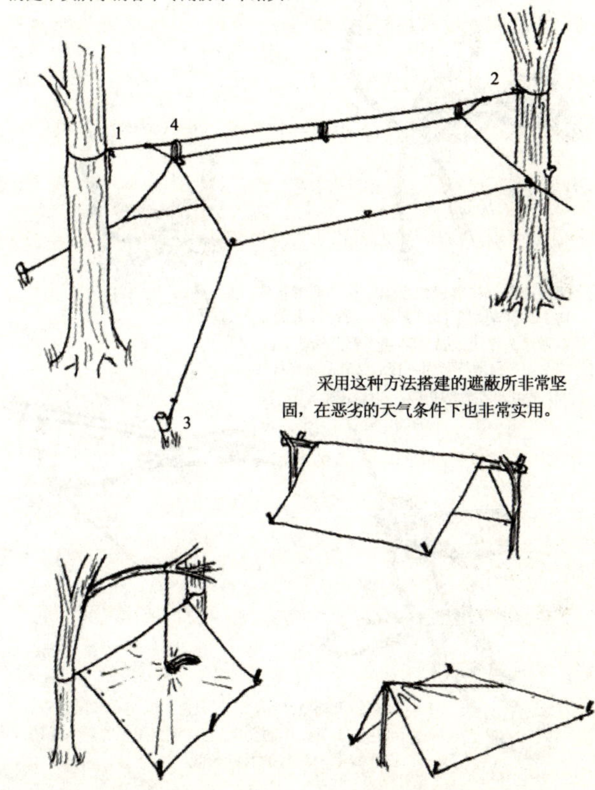

采用这种方法搭建的遮蔽所非常坚固，在恶劣的天气条件下也非常实用。

采用防水雨披的基本单坡屋顶设计。将挂钩系于树枝上并向外拉紧，提供更大的内部空间。

单人帐篷设计，适用于空旷无树的区域。可以使用手杖作为用来支撑遮蔽所的杆子。

图23 防水布构造

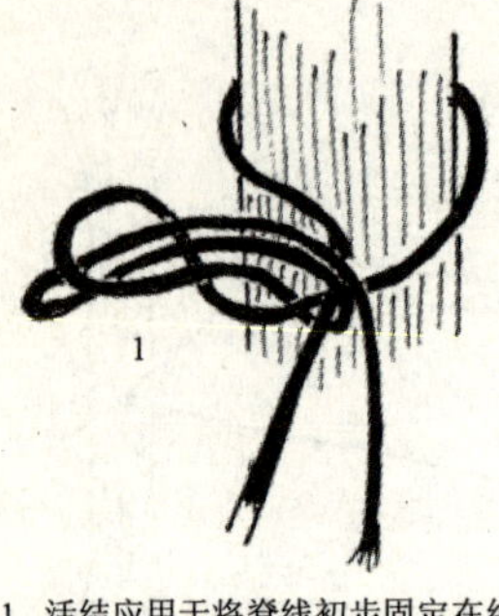

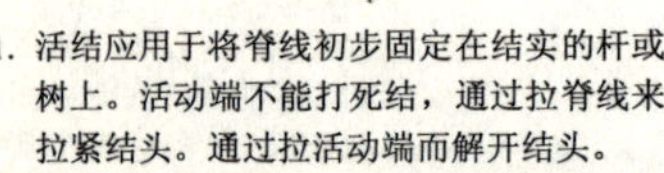

1. 活结应用于将脊线初步固定在结实的杆或树上。活动端不能打死结，通过拉脊线来拉紧结头。通过拉活动端而解开结头。
2. 将一端拉向木杆背面，打活结之前将脊线打环，再返回木杆的正面。这样增加强度。

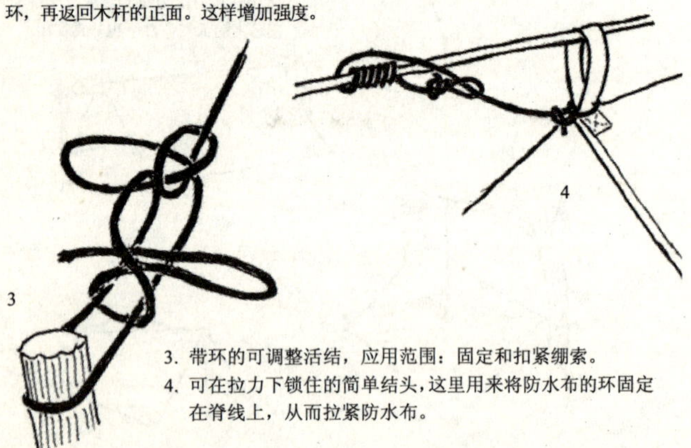

3. 带环的可调整活结，应用范围：固定和扣紧绷索。
4. 可在拉力下锁住的简单结头，这里用来将防水布的环固定在脊线上，从而拉紧防水布。

图 24　搭建防水布遮蔽所的有用结头

因此，充分考虑上述提到的所有其他影响因素之后，好的开端将会是一种抵御盛行风和雨水的斜坡屏障。这种结合屋顶和墙面的理念还可以做类似的延伸：两条边形成两个单坡屋顶，三条边形成圆锥形帐篷，四条边形成窝棚，五条边就开始有点像传统的圆形帐篷，为一个小团体提供全方位的保护。各种类型的帐篷，计划阶段和基础施工原则保持一致。

建造A型框架

搭建帐篷框架所需的材料明显不同，这取决于你身处的环境。你可以使用岩石切开雪块或以原有树木作为帐篷的支撑结构。通常来讲，屋顶的倾斜角度应在50°～60°：倾斜度越大，挡风挡雨的效果越好。框架制作材料应足够结实，足以支撑屋顶重量，包括很重的水分，顶上覆盖的雪，以及免受狂风的连续袭击。

木材尺寸没有什么硬性的规定，但作为一般指导，如果建筑木杆、椽木用手轻而易举就使其弯曲，用来支撑厚厚的潮湿茅草屋顶就不够结实。水平梁木越长、越粗，越需要避免弯曲。在大多数情况下，为了达到规定强度，你需使用新劈的新伐材。中间椽不需要特别坚固，因为其主要目的仅是补缺口，防止屋顶覆盖物掉下来。

1. A 型框架或窝棚：夜宿救生帐篷仅可容纳 1 个人和寝具。两条长边应用细树枝、落叶层、森林碎片覆盖，只留很小的入口爬进。

2. 弯曲结构：用柔韧性良好的树苗编织成顶部非常坚固的窝棚。通常这些窝棚的覆盖物为兽皮或巨大的树皮。

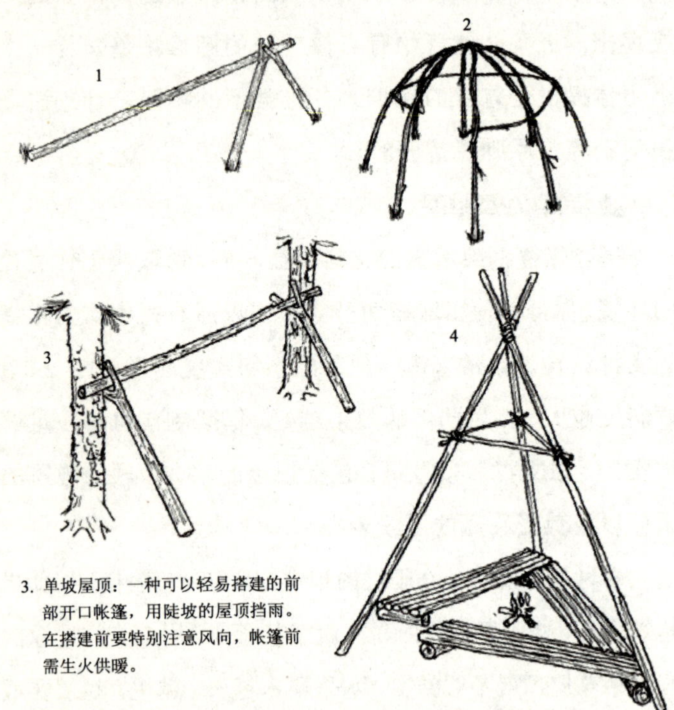

3. 单坡屋顶：一种可以轻易搭建的前部开口帐篷，用陡坡的屋顶挡雨。在搭建前要特别注意风向，帐篷前需生火供暖。

4. 圆锥形帐篷：搭建这类帐篷需要完成更多工作，但可提供足够的工作和活动空间，也可以提供全方位的气候防护。从帐篷中央的小篝火中冒出的烟可以利用这种完美的形状由烟筒排出。注意：床应在盖屋顶前建造，门口应留有空间，帐篷屋顶应刚好高于水平梁木，留下一个洞将烟导出。

图 25　遮蔽所的框架

选择相邻的树作为主要结构，合适高度的突出树枝用来支撑梁木，可以增加帐篷的强度和稳定性，以此节省大量的时间和劳动。如果不可能的话，仔细挑选建筑木材，充分利用木材的天然树杈。这些树杈可增强框架的强度，可能无需绑扎。

自立式结构，主干需要深埋于地下，考古例证表明，用作主干的木材底部需烧焦而使其在土壤中维持时间更长。虽然要保持对周围环境和情况的适应性，但是有些非常结实的结构可以用弯曲的细幼苗编成一个巨大的倒立的篮子。假如你有一把小刀用来切割，是极为方便的。

捆绑物和绑扎物

某种程度上来讲，除非你在选址和选材上运气好，否则需要临时制作结实的捆绑物来固定接头。落叶林可以为你提供柔韧性良好的材料：细长的榛树幼苗，芳香的栗树或扭曲的柳树，其韧性极好。针叶树或桦木结实而韧性良好的根部极易挖出并以同一方式应用，许多树有着韧性很好的树皮，用锋利的刀片可将树皮割下。注意：草率地除去树皮，会将树置于死地。

茅草屋顶和屋顶覆盖物

就防雨而言，屋顶覆盖工作决定了你所建造的是一个替你遮风挡雨的屏障还是仅仅是一件有趣而空洞的雕塑。当你的建造接近尾声时，遮挡物作为帐篷建造的一部分，通常是

利用树木作为支柱，从而在两个单坡屋顶之间提供一种可当烟筒用的树桩般大小的间隙。注意正对盛行风的一边（箭头指向）如何建造以突出对边，防止雨从烟筒吹进屋内，同时允许烟流出。

图 26　双人单坡屋顶

要求再三思考的事宜。不能因为节约材料而太简单，假如漏雨，你会在半夜中被淋湿，会感到非常失望。同样，要适应你周围环境和资源，因为有各种各样的材料可以作为极好的覆盖物。针叶树枝、大树叶、苔藓、用树皮和木材制成的瓦片、草皮、干草、植被和落叶层以及芦苇束都是非常好的遮盖物，如果你能处在一个正确的地点，收集这些材料是非常容易的。

搭建屋顶时，为了重叠覆盖，应按照从下到上的顺序进行。在使用针叶树枝和大叶片时，确保枝干铺在最上面，因为它的挡雨性最好。倒下的巨大松柏或桦树通常是屋顶覆盖物极好的来源，因为木材内部比树皮更易腐烂，留下大片的粗皮板材，可以作为一种性能良好并极易收集的瓦片。假如堆得够厚，林地的落叶层也可当屋顶覆盖物使用，假如你堆得够厚的话。用一个临时制作的简易耙子收集大量的落叶，平铺于地面的外套、毛毯上，这样携带起来更加快捷而方便。

五个单坡屋顶框架围成一圈可供一群人一个遮蔽所，几个人可以共享一堆火。

图 27　多人遮蔽所

椽木、树丛矩阵以及厚厚的茅草屋顶应分阶段建造，确保对边承受相等的负荷，避免坍塌。完成时，提供一个抵御各种气候的屏障和一个大烟筒。注意：一边开口作为门，有可移动的编制的盖有茅草的框架，如图 27 所示。

使用落叶层和植被作茅草屋顶时，另外一个节省劳动力的方法是将大圆木置于帐篷地基周围。这些圆木不一定要求坚实，甚至可有点腐烂的，与地面接触，其目的是增加帐篷容量和稳固性。圆木的第一层让你对地面一层要求的茅草数量有一个初步的印象。为了将各种气候挡在外面，茅草整体厚度应以 30cm 为准。帐篷底部甚至更厚从而支撑上面的茅草屋顶，所以增加一个或两个圆木形成一定的体积。查看进度，当帐篷成形时，定期钻进帐篷利用透进的光线寻找裂口。应该像地牢里一般黑暗，假如光线能透进来的话，那么雨也可以。最后在你新搭的茅草屋顶放一些又长又重的圆木使其各就各位，以免被风掀起。

床

任何遮蔽所最重要的一部分，也是最容易被忽视的一部分就是床。如果我们直接坐在或躺在地上，与冰冷的地面直接接触，体温通过地面传导很容易被吸走。然而，在沙漠性气候条件下，直接与地面接触被证明是有效方式，穿过热沙表层挖掘到下面较凉表层，在白天可以使你感到凉爽。在热带气候，升起的床可以防止林地蚊虫和危险生物的叮咬。在其他环境下，类似的床会起到保温作用。

如果你随身携带设备，睡袋和热垫足可以用来当做床。但如果这些装备丢失或损坏，或不能用来当做床使用，知道如何利用自然材料临时制作床将会保证你能看见第二天的曙光。

临时制作的床就是一堆干草堆，非常简易，如落叶层表面或有弹性的云杉枝。干燥的床是至关重要的，因为潮湿的植被会将你的体温吸走。记住你卧倒时的重量会一定程度地将叶片压缩，因此要确保你的床垫比你想到的更厚。此外，不要忘记定期查看你的寝具，以防不速之客，例如蛇或昆虫。

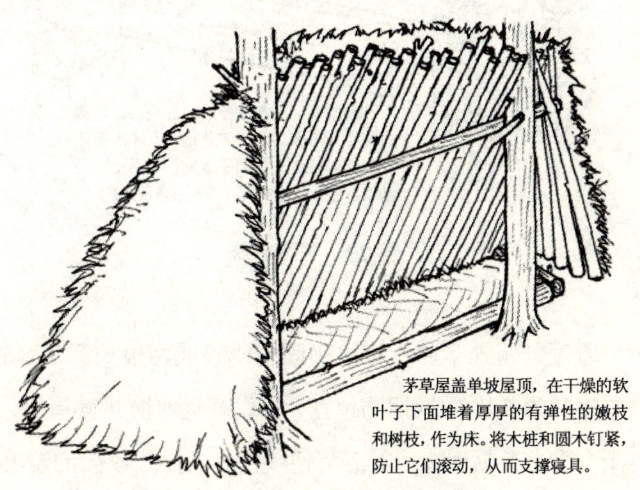

茅草屋盖单坡屋顶，在干燥的软叶子下面堆着厚厚的有弹性的嫩枝和树枝，作为床。将木桩和圆木钉紧，防止它们滚动，从而支撑寝具。

图 28　带简易壁床单坡屋顶

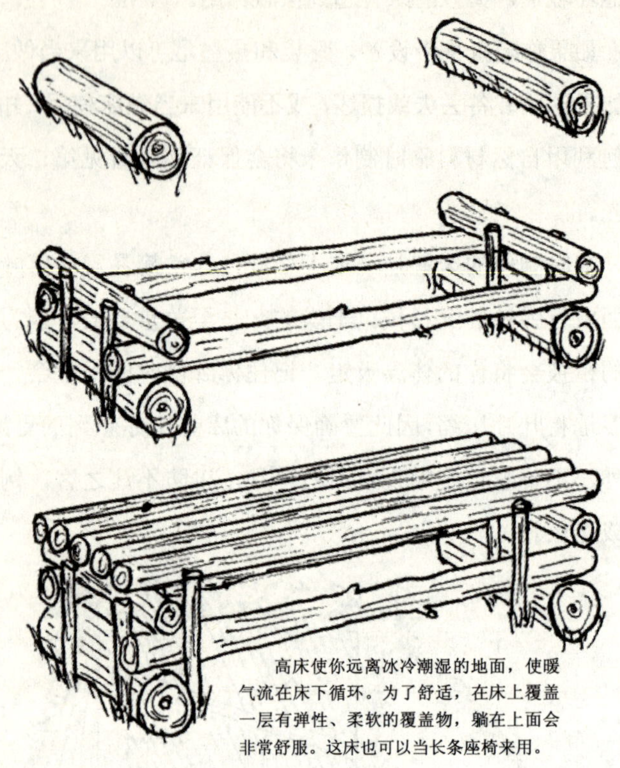

高床使你远离冰冷潮湿的地面，使暖气流在床下循环。为了舒适，在床上覆盖一层有弹性、柔软的覆盖物，躺在上面会非常舒服。这床也可以当长条座椅来用。

图 29　长木杆床

通过钉入地下的木杆水平固定一根或两根长圆木，将使你的寝具保持在你预期的位置，在你睡觉时防止其展开。这类床，称为简易壁床，制造简便快捷，当你依赖火的温度温暖时，圆木可能就成了阻碍你得到温暖的障碍，因此必须保证你不会落到壁床后。

在铺上柔软层之前，应铺上一层有弹性的细长树枝，既有益又增加舒适度。

更为奢侈的床可以通过在合适角度的顶部和底部支撑固定的两根又大又重的圆木的既长又光滑的木杆，提供放置你临时制作的垫子的高床。这类床可兼任大型冬季帐篷内的长条座椅。在建造林地遮蔽所时，如果你有幸拥有足够的时间，在墙和屋顶前，可以从容地建造长木杆床。假如你试图在小屋里安装一个大衣柜或新式沙发，并且安装时没有将墙壁的组件碰撞出来，你会完全理解其原因。当然，如果时间紧迫的话，那你的首要问题是解决屋顶，其次再考虑床的事情。

火和供暖

在训练期间，我没有携带任何睡袋、保温毯及任何现代化的奢侈品，甚至是羊毛毯，特意在冬天的户外过夜。年少时的大部分受冻经历是关于在测试环境下我可以坚持多久，但随着知识的积累，我变得有一点老练和聪明。通过努力工作，我感兴趣的是相对舒适的天然床如何保证夜晚良好的睡眠（说明：不论何时展开训练活动，身边总会有一些聪明的朋友，我通常的睡眠用具会随时待命应付意外事件。学习技能的道路很长，但我们的生命已经很短，为了进行疯狂的试验，没有对技术进行划分）!

也许你会像我一样，彻夜瑟瑟发抖，却能活到第二天，但整夜颤抖会在奋战中耗尽珍贵的热量。不管你是否发现自己处于意外的生存环境或要在户外度过一段时间，你应一直注意避免能量的浪费。因此，在极度寒冷的温度下，如果你在户外睡觉，没有现代睡眠设施，你将需要外部加热来源，例如篝火。

生火

尽管火灾风险显而易见，但只要营火已经在你原计划之内，建造天然遮蔽所应包括营火。火与睡觉区应保持一定的距离（约 1m），除非你的遮蔽所有防水布，那样的话，你也许想留下更大的空隙，以防跳出的火星烧穿防水布。要考虑烟筒的大小，确保充足的空气流通以防止火的扩散，清除遮蔽所内部所有的干燥物料，并在屋内存放一缸水或沙子作为原始的灭火器，此外，制订一个逃跑计划，以防情形失控。谨记：其实你睡在火葬的柴堆里，危险随时都有。

注意火堆的大小。中央有火堆的圆形帐篷不需要特大的火焰就可以供暖。如果你独自一人，最好选择简单的半露天的单坡屋顶，你需要生一堆炽烈的圆木火整夜燃烧以保证温暖。半露天的帐篷，你将受益于火堆反面的额外的圆木墙，将辐射的热量反弹回你的身边。

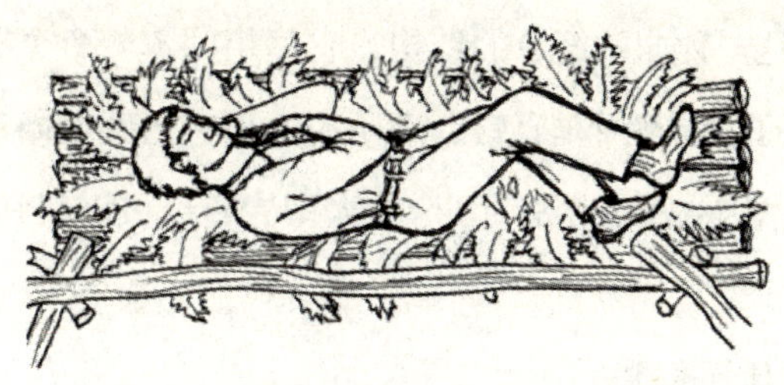

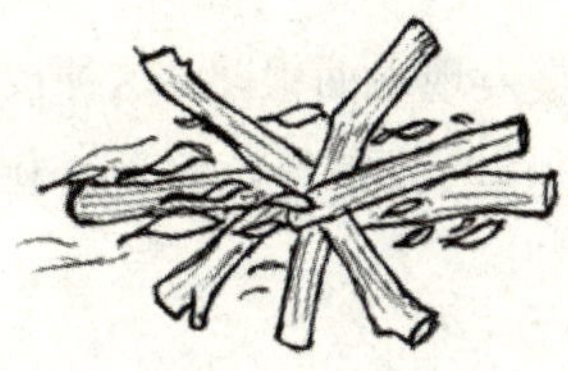

为了安全起见，火与你的床至少要保持一定的距离。

图 30　火堆的安全距离

架设圆木墙将辐射热量弹向你的床从而最大限度地利用热量。

图 31　火的反射屏

这是一种非常简单的结构，它将粗圆木一个个摞起来，圆木墙的两边都用垂直钉入地下的木桩将粗圆木固定就位，顶部圆木因强度甚至弹起。一块大型岩石也可以起到同样的作用。

地下供暖

如果你曾使用热的岩石在地坑式的炉灶上做饭，当你揭开取食物的时候，你会发现地面很热。这种技术也可以用来为我们提供地热。请牢记：往火里扔岩石对其加热是一种非常危险的娱乐。

你需要挖一个与你的身体同宽同长的坑道，再填入预热的岩石。坑道的深度取决于土壤的类型，极端条件应避免：填进的岩石太深，你的努力会白费，但在岩石上面再铺一层薄土是一种痛苦的经历，因为你在夜里辗转反侧可能会露出一块又红又烫的岩石。同时，保证土层不是干燥的，否则，你犹如一只虾一样整夜都受到蒸汽折磨。

门

假如你很有兴致亲自动手建造遮蔽所，无论出于有趣、训练或两者兼有，我真的希望你有机会在里边睡觉。在自己建造的遮蔽所内睡上一两晚，你就会发现应做一些改进和修改，使屋内更加舒适并提高屋内功效。无论谁住在屋内，应做得最明显的巨大改进就是门。

如同建造梦幻床一样，当提到生存遮蔽所时，门并不是优先选择，但一旦你拥有一个能够遮风挡雨和节省建屋时间的结构，你也许会考虑为自己临时的家做一个实用的门。仅供一人爬进爬出的一人专用容身之所，在做好完美而实用的门后，你的帆布背包可以派上用场，但如果是那种群体遮蔽所和半永久式的结构，可能你需要制作大一点的门。

在此，你有几种选择，视你周围环境和有效自然材料而定。我采用下列材料制门：

❖ 用茅草捆扎成一个框架，类似于屋顶的活动部分。

❖ 用一捆捆芦苇编成卷轴遮帘。

❖ 纤细而韧性极好的嫩枝，蜿蜒地水平穿过垂直木杆从而形成微型篱笆，类似于方平组织的矩形剖面。

❖ 较大的圆木劈成厚木板，并通过楔入硬木钉固定从而制成坚实的厚木板门。

我相信还有其他选择，这都取决于你的想象力和创造性。这些门应为遮蔽所的墙壁的活动部分，应具有舒适、手工别致的特点，因此可以进出遮蔽所。

如果你是一个爱炫耀之人，也许想到再添一个把手，在门口做一个悬挂门作为门廊，甚至想出新颖的利用铰链方法锁住门——如果门很重，这种方法是有用的。

基本的铰链和封锁机制体现了对某种自然材料的不同特征的了解和熟悉，以及对先进技术、即兴创作和解决问题的熟知和掌握程度——这些都是要在丛林谋生中培养的有用技能。如果正在寻找一种灵感，我建议你研究一些世界各地沿用至今的神奇而机灵的原始陷阱触发器。

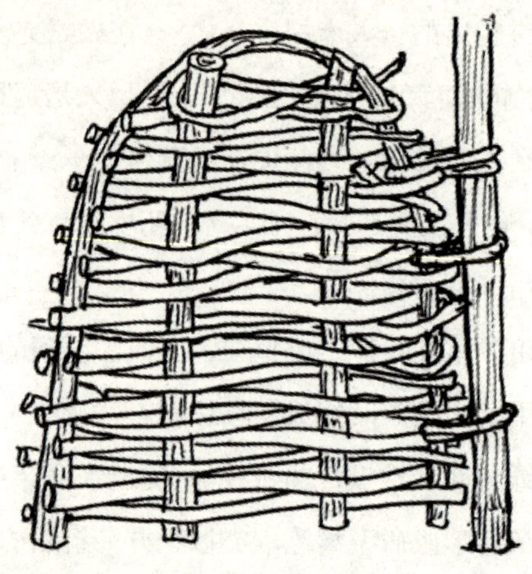

一扇做工精良的门可以提供全面的防护，抵御各种恶劣天气，保证内部的热量，帮助火堆冒出的烟向上通过烟筒输送出去。这类门由榛子树编制而成，并装上铰链通过弯曲的榛子线圈将门固定在坚实的木桩上。空隙可以由类似黏土的土壤和干草的混合物进行覆盖和填充。

图 32 防护门

大部分情况下，遮蔽所的门兼任窗户，但如果屋子具有很大的空间以及很好的防雨性能，以至于可以做另外一个开口，使自然光透进来，可以当窗户使用，用带铰链的翻板阀或者部件将门架设在屋顶某处。

第四章

火

在各种条件下生火和添火

撰写这一章期间，我感觉好像我们在给齿轮换挡，加速前进，这种感觉和在营地里点火的感觉是一样的。火在户外生活中起到了难以置信的作用。在舞动的火苗里我们看到了前所未有的机会。有篝火为伴，即使在最寒冷的条件下，我们也拥有温暖，火使水可以安全饮用，使食物可食用，使湿衣服变干。在黑夜里，我们用火照明，如果需要得到救援，可以将其当信号装置。我们还用火保存食物，驱散露营周围的蚊虫，以及吓阻大型的食肉动物。

火自古以来就有着各种各样的应用方式。通过在根部进行控制性的燃烧，庞大的树木可以轰然倒下。一旦倒下的树干处于水平方向，可烧成许多段，甚至可以通过用火挖空，制成空心的独木舟。从较小层面来看，碗、长柄勺、杯子也可以用类似的方式将其挖空。在灰烬里，可以校直木制的矛杆，木制工具或武器可以变硬使其更加坚实。

控制性地烧灌木丛曾经是猎人的常用的方法，利用燃烧的浓烟将蜜蜂驱逐后，可以轻松地进行采蜜，或者利用这些浓烟将啮齿动物逼出洞外使其落网。在夜晚，燃烧的火炬发出闪烁的光，可以使鱼儿贴着水面（结果落入渔夫的鱼叉）。

实习和准备

生火是一种极为重要的技术，任何一个敢于进入野外冒险的人都应该有能力在设备有限的并且环境最为恶劣的条件下成功点燃一堆火。经常练习是至关重要的，随着材料、方法和气候条件的不断变化，这种技能将逐渐得到精进。

不必惊慌，尽管对于经验丰富的丛林生存高手来说，这种精通程度绝非遥不可及。然而，需要保持乐观，注意细节、提高解决某些问题的能力，百般锤炼的一种自由精神，不屈不挠和决心——所有基本素质影响你在丛林中继续生存还是走向繁华的商业大街。为自己制定目标，例如：用一根火柴点亮一团火。下一个挑战也许是将一小块灼热的火炭作为你唯一的热源。随着信心的增长，你会掌握丛林居民摩擦取火的基本技巧（两个木棍一起摩擦，通常这样描述）。

合理的准备似乎在野外丛林生活中是一个不断重复的主题，但点火的艺术是最为重要的。救生技巧其实需要 80%的准备和 20%的点火技巧。例如温暖的发出噼啪声的篝火可以最有效地鼓舞士气，那么，显而易见，当你急需时却不能成功取火就会产生完全相反的效果。为了避免失望过大，你应当非常小心地实施各项任务，好像你只有这一次机会。把其他事搁在一边，一心一意、全身心地投入工作。当你正在享受你刚创造的火焰所散发出的温馨时，你会有充足的时间去思考生活。因此，需要谨记：你的首要工作必须是准备材料；假设你一无所有时要想生火，最重要的材料是易燃物。

易燃物

易燃物是指一种轻巧、蓬松、易燃的材料，遇到火星、灼热的煤炭或很小的火焰时，可燃烧足够时间来加热嫩枝和干木材的碎片直至燃烧。

假如你极度需要火时，处于下雨、下雪或其他潮湿环境中，可怕的东西可能使你的意志变得消沉，或者恐吓到你。因此，在你生火工作中，你首先要收集性能良好的干燥易燃物。其实，无论什么天气，有机会时培养一种收集和保存足够量的干燥易燃物的习惯是一种很好的主意，可以在潮湿的条件下生火（因此所有户外生存的人须携带小型防水袋）。

易燃物的性质是吸收性很好的材料，因此一旦收集到应不惜任何代价使其保持干燥。将准备易燃物作为生火工作的首要环节，这样你就可以确保这些易燃物的干燥，如果遇到倾盆大雨就能以防万一。

但是，如果所有可用材料都已淋湿，那尽早地收集在一起，通过散放在离你身体贴近的口袋里，你会有时间使其稍微干燥一些。在你工作时，收集一些其他所需物料，运气好的话，易燃物会干透使其正常工作。

收集易燃物的一条经验法则是，要收集比预期更多的易燃物。为了得到足够大的火焰点燃潮湿的引火物，你必须有至少足球大小的一束易燃物。一种好方法是混合几种不同材料并进行匹配，制成完美的易燃物束。最柔软最蓬松的易燃物放在中间，比较粗糙的纤维材料放在外部周围，有点像鸟巢。

✵ 合适的易燃物

接下来就是选择合适的易燃物材料——有的可以随身携带，有的需要去收集。采用不同的材料进行试验，准备好适应你所处的任何环境，是唯一的指南。有些材料表面似乎适合用来引燃，但实质与表象并不相符。例如：羊毛和干燥叶片看起来似乎很好，但永远不会产生火焰，只产生令人沮丧的浓烟。

✵ 携带或人造易燃物

- ❖ 报纸、卫生纸、笔记本纸、这本书中无聊的部分——将几页卷成球用来产生最大的火焰。
- ❖ 棉绒、战地止血包、棉球——如果使其疏松的话，非常容易捕获火星。将凡士林投入其中会使火焰更旺。

❖ 酒精型消毒剂——喷射在原棉上使原棉变成燃气涡轮式易燃物，其本身也可以当做易燃物，产生蓝色的小火焰，伴随大量火星。

❖ 橡胶轮胎之内胎——适合用于永久性潮湿环境。需要打火机或火柴的火焰来点燃。但一旦点燃，会产生大火焰并且时间足以点燃潮湿的引火物。

❖ 细钢丝绒——用火星或低压电池点燃。将其窝在一些干草或干树皮内部。

❖ 含炭布料——在上路前储备，或者有火种的话，在旅行期间贮备。将一些质量好的旧棉花撕成碎片装入带有密封盖的金属罐里。必须在盖子中间戳个小孔。将罐子置于现有火上烘烤，不久一股浓烟就从盖上的小孔涌出。当这股浓烟变得稀疏，将尖头木棍插入孔内从而隔绝氧气除去高温。现在布条应为黑色，易碎，极易点燃并略微伴有火星。将其装入防水袋以备后用。含炭布料点燃时，发出红色炙热光，适用于引燃仅用火星难以点燃的粗糙易燃物。

✶ **天然易燃物**

❖ 干草——容易收集，速干。

❖ 植物残体的茎——老的猪殃殃植物、荨麻、峨参、夹竹桃和甘草。较大的相当于木材，可以作引燃物。

- 枯死的凤尾草——小心地梳掉那些细小的叶片，小心不要让茎秆伤到你自己。
- 铁线莲、金银花、树皮——最好的易燃物，因为它们类似于纤维状，可以产生长时间的炽热火焰。以碎片的方式自然悬挂。只清除枯死的树皮。
- 多脂材料——剔除细小的卷丝，遇到火星很容易点燃。
- 枯死的松针——树脂含量高，燃烧时产生明亮的光。
- 内部树皮——枯死的西洋栗和石灰都是很好的纤维。
- 桦树皮——理想的易燃物。树皮包含天然焦油，从树上剥下像纸张一样。不管你到哪儿，只要看见就收集，不要去除尚未自然脱落的树皮，因为树还有生命，将皮除去无疑会损坏树。
- 干燥的真菌——黑轮炭球菌，或炭球（炭球菌），生长于枯萎的白蜡树。摘掉这些黑色的固体块状物后，将火星向内部同心环射去。应先在缓和的口袋里干燥。将会发出灼热的红光，可长时间燃烧，伴随有烟，可添加于弓钻的灰烬里以增加稍微潮湿的易燃物中所转移的热量。
- 火绒——呈褐色的菌髓层，菌髓可在檐状菌坚硬的皮下找到，例如：马蹄菌（传毒菌）。从传统意义上讲，这种反毛皮材料添加硝石，但在野外，你既可以用于缓冲或刮掉原料制造一种蓬松的易燃物，也可以将其在水中或木灰中煮上整日整夜，在将其整平之前，置于阳光处干燥。适合用于产生质量差的火星。

- 蓬松的果实——蒺藜、香蒲、夹竹桃、甘草、野生的铁线莲等，都可以用火星点燃，突然燃烧产生火焰。在平锅里都会有点溅，与树皮、凤尾草或甘草结合在一起，可产生更长的火焰。
- 苔藓和地衣——在地表层收集，可能有点潮湿。

选择一个合适的地点

一旦储存了足够的易燃物，应考虑如何准备生火。在进一步阐述之前，值得指出的是，除非你身处危及到人生最重要的事情，即生存和健康的境地，否则你必须保证你所在的荒地是允许使用篝火的。经常阅读相关的当地篝火规章制度，征求土地所有者的许可。甚至你所处的环境，规章制度和条例相对生存来说退居次要地位，出于安全性原因，有些地方需要绕开。在植物密集干燥而多风之地、泥沼质土、稠密的针叶林地（地面表层由针叶和细根组成）以及一些暴露在外错综编织的根系，这都属于那种闷闷燃烧的表层，你离开之后，引发的地下火灾将继续燃烧，风起时极有可能引起大面积的森林火灾。

反之，如果可能的话，寻找一个地面平缓的露天场所，并带有挡风挡雨的天然屏障。如果没有，你可能必须临时搭建帐篷或防风墙。绝不允许有悬挂式干燥植物，否则极易着火，在所选火炉周围应清理出一块至少 $1m^2$ 的裸露地面。而对于草地，应将草皮翻过来以备以后替换；下雪时，应向下挖掘至硬地面。

为了将火控制在固定范围内，需挖掘一个圆形浅坑，并在坑底排铺一层干燥的拇指粗细的木棍。直径约为 38cm，中央深约 13cm，篝火中心应限制在坑内。当经彻夜燃烧成为灰烬后，你甚至可以在火坑底部找到一些灼热余火用于重新燃火。临时采用木棍编制而成的小型格栅燃烧后成为灰烬的一部分，但是在火微微燃烧的初始阶段，格栅提供放置干燥易燃物的表面，同时允许氧气在火下方循环，同木炭炉内部格栅一样。

✷ 火三角

氧气需求强调了一个至关重要的事项。你应了解保持火旺的必要因素，才有希望将火成功地应用于生活中。火有三个组成部分，通常指火三角，即氧气、燃料和温度（点火方式）。火三角原理是，如果三要素中缺少一个要素，火三角就不能成立，火会无法点着甚至熄灭。对于绝大多数人来说显而易见的是，生火需要燃料和点燃方式，但必须保证充足的氧气，并允许氧气在燃料之间自由循环，这一点是新手最易忽视的。通过通风和吹风增强氧气流，有时，稍稍支撑引燃物也是必要的。

✵ 壁炉

如果你已经选定一个理想地点，有着肥沃的土地、无风、远离茂密的植被，那就不必担忧火势蔓延，因此也没有必要搭建一个封闭的岩石壁炉。然而，有时用合适岩石搭建的封闭式壁炉可以在夜里火熄灭时保持热度。团体遮蔽所的壁炉是一个极好的例子。

同时岩石壁炉对于平衡饭锅非常方便，但仍有一些不足之处。首先，岩石会爆炸！在加热前，岩石内部含有一定水分，当岩石变热时水分膨胀，将饭锅支架变成潜在巨石炸弹。在这种情况下，最佳方案是使岩石分离；最坏的情况（我曾亲眼目睹过）是你俯身盖盖子的时候，为了躲开又红又热的弹片，慌乱中可能会撞翻你的法式红酒煨兔肉。如果你必须使用岩石，收集你能找到的最干燥的岩石，放在火堆周围合适的位置。将岩石缓缓移近火堆，使岩石慢慢干透。透明或片状岩石，例如燧石或石片是最糟糕的选择，应禁止在火堆附近使用。岩石壁炉的另一缺点是所有柴火须劈成可置于岩石内部的适合尺寸。燃烧时，将较长的柴火缓慢地加到火里是一种奢侈的能量消耗。最后一个缺点是，当拔营前行时，你将留下一堆难看而熏黑的岩石而非一个整洁有序的营地。

嫩圆木作为另外一种选择，在火堆两端都可以使用，可以平衡饭锅并提供挡风屏障——这种方法称为“猎人之火”。

在理想的情况下，这些圆木最后也会变为灰烬，当你拔营前行时更容易不留痕迹。在大多数情况下，火坑应该是你最需要的壁炉。为了平衡饭锅和木制罐，你可以随时制作一个可调节的饭锅支架。

收集材料

有了易燃物和壁炉后，你必须花时间为燃料的各个阶段做准备，以便火点燃后，不停地添火。如果这项工作准备不充分的话，当易燃物逐渐烧成灰烬时，你会慌乱地在没有点着的木材周围乱撞，寻找合适的材料。所以这不是一个好的策略！

✻ 点火

一旦点着易燃物，除非你迅速添加燃料，否则会很快熄灭。谨记火是有活力的物质，必须由少到多、逐步添加燃料——过多过快都会将火熄灭。因此，第二次添加的引燃物最好是比甘草、碎树皮、蓬松的绒毛稍重和坚固的物质。找一些细长的干枝。其实，我所指的细度跟火柴一样。这些细长的小枝也应该是枯萎的，但没有腐烂，掰断时应发出好听而松脆的“劈啪”声。如果小枝上还长着叶片，多次弯曲最后断开时发出令人失望的“砰然”声，这样的小枝水分过多，不适合用来点火。

请勿在丛林地面上收集引火的小枝，因为小枝很可能黏着水分并且有一点湿透。相反，应在周围寻找一些仍然长在树干或树枝上的干枯细树枝，这些树枝远离潮湿的地面，并且已被风干。它们在树篱和枝叶茂密的树木也是很干燥的，可以找到干燥细枝的遮蔽的地方。

但有时，你更愿意收集离你最近的材料，即使它们是那些大小明显不合适并且面朝下漂在水坑中的树枝。你应当振奋精神，尽力寻找那些自己可以找到的最好、最干燥的引火物，即使这意味着多走几步路。理论上讲，你会需要两捆干枯的柴火细枝，约 30cm 长，大小和卷起的毛巾相同。事实上，在天气极其恶劣的时候，数量应加倍。

✻ 羽毛木棍

下一个小窍门是在偏远地区经常用到的，它们可以真正地帮助你将胜利的天平倾向自己这一边。你再也不会认为，延绵不断的雨过后，生火是一件不可能办到的事情，因为只要你有一个锋利的刀片（可以是一把小刀或者隧石片），就可以将直立的死木头削成羽毛棍子作为易燃物和引火物。直立的死木头可以是早已死去但还没有倒在潮湿的森林地面的树木或树的一部分。这表明树的内部是干燥的，根据经验，可以制成最理想的柴火。在任何森林、林地、杂树林，如果你做进一步的寻找，都会可以找到具有这种特征的优质木材。如果树木的腐烂程度过重，会变成软软的粉末；如果还是嫩树，你会看到叶子（在冬季，为了完全确认这一点，你可以刮掉一点点树皮：如果树是绿色的，下部光滑，那么就放弃它）；如果是死木头，内部皮呈褐色，摸起来是干燥的。

选择直径 5～7.5cm，长度 30～60cm 的木材，没有结头和分叉，带直条纹。如果你没有锯和斧子，应将这种直径的木材正确无误地折断。木制板条和刀片作为锋利的楔子，将圆木沿着长度分开，你会发现外面因下雨而潮湿，内部却极为干燥。用锋利的刀片，从羽毛木棍顶部开始，小心地将碎木片刮去，快到底部时停止，尽可能使其与劈开部分的底部相连。不断调整你的切削位置，始终用刀刃切削，每次剥下薄薄的一层木屑。在羽毛木棍底部，这些干燥的刨花自然向上卷成一捆，既可以当做易燃物又可以当做引燃物装在一个方便的袋子里。几个这样的羽毛木棍保证可以生火。很值得继续努力！

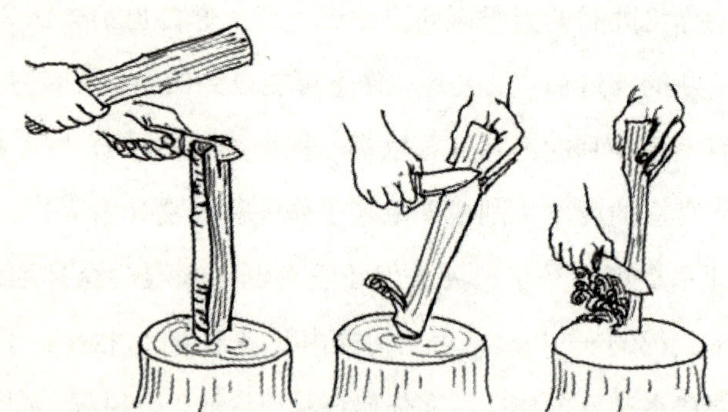

切开直立的枯枝，露出内部干燥的木材。这种干木材可以精细地切削成干燥的易燃物刨花。如果左端刨花附在木材上，一端就是易燃物和引燃物。这些被称为羽毛木棍。

图 33　切削羽毛木棍

✻ 多脂材料

有些木材比其他木材燃烧性能要好或者略有不同，你会发现这些不同的特点各有用处。松树含有树脂，或“松质”，有着广泛的用途。其易燃特性非常便于点火，它燃烧时产生明亮的光，给你提供夜间营地察看物体时所需的光。如果你发现松树桩有点枯老但没有腐烂的木材，那你就找到了上等的引燃物原料。树桩顶部一半被砍掉或被吹走，树脂就会不断向上转移，直到树桩完全死去，这就意味着树桩充满了树脂，因此极易燃烧。由多脂材切削而成的羽毛木棍极易点燃，燃烧时产生强烈的火焰，假如你切下足够多的树脂丰富刨花，点燃时产生无数火星！

✻ 燃材

准备期阶段包括收集优质的燃材。首先从铅笔粗细的木棍开始，之后是拇指粗细的，逐步发展到手腕粗细的树枝，最后到生火。这种木材应是枯萎、坚实而干燥的，最好在高于地面的地方收集。和以往一样，如果你正在努力寻找足够多的干燥木材，你也许要将一些粗壮的直立死木头劈成更细的部分。

其实，劈开的木材总比圆木燃烧性能好，因此花时间做这项工作是非常值得的。为了向已点燃的火上加燃料，你可以搜寻一些很好的、粗壮的倒下或直立的死木头。

收集燃烧性能良好的柴火一定有点无聊，但这项工作极易安排到你的日程中。对潜在的柴火保持警惕性，必须成为你的第二天性，你不能空手回到营地。尽量避免你柴火堆的减少甚至一无所有，特别是夜幕降临时，应储存足够多木材。

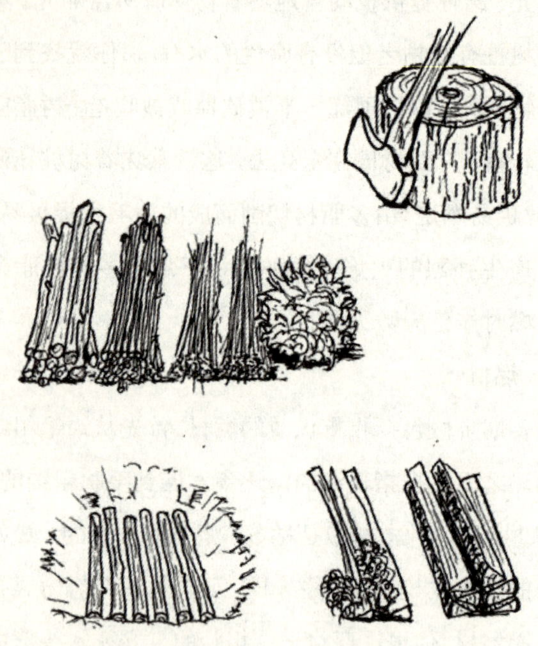

一个浅坑的内部排列着易燃物、引燃物、小型直径的柴火（小于）、羽毛木棍、更加粗壮的燃材、劈开的大型木材（底部）。

图 34　适当准备的火

将一些潮湿的圆木堆在火堆旁有助于将其烘干，同时也可以当做挡风的屏障。火燃烧一天一夜所需的木材数量是惊人的，因此你需保证火的大小合适。如果点起了熊熊烈火，这意味着每个人必须和火堆保持一定的距离，并且火焰会螺旋上升，甚至使火势失去控制。生小型和易于控制的火堆，充分利用聪明的丛林谋生结构，例如：旨在建造反射火的圆木墙和防风墙以节约燃料。

为了得到足够的热量和固体的火炭，需搜寻一些硬木材，例如：橡树、山毛榉、栗树、白蜡木、冬青树、柳树、榛子和果树材。倒下的橡树外表看起来有点腐烂，但随着时间的推移会变硬，成为像岩石一样硬的木材，可作为良好的柴火备用。西洋栗是一种良好的燃料，但其燃烧时发出噼啪声，因此不能用于密闭空间，例如在遮蔽所的内部。软木材，例如：松树和云杉；较软硬木，例如：白杨、美国梧桐、石灰，燃烧时产生很好的火焰，但燃烧速度快，没有真正的火心。无论何时需要爆炸式的火焰时，添加一些这类燃料，例如：煮一罐子水或增加工作的照明。

保持对替换物和当地有小树林的燃料的适应性。干粪便和琼脂会在你脑中显现两种可能性。一旦你在苏格兰的森林里工作，我可以从倒下的大树的裸露根系扯一些干燥的、泥炭似的、带土的根部，将它作为篝火的附加燃料。

准备生火并备好一捆捆的易燃物

记住火要越着越旺，因此火焰布局在其早期阶段反映了这一点。应用预先准备的和即将点燃的火，例如：可以用于向潜在的救援人员发出信号，将干燥的小圆木与易燃物束固定。这就提供了放置引燃物的平台，保证充足的氧气流通和易燃物的火焰不会被闷死并可以向上蹿。在你试图点燃易燃物时，精心准备材料是基础的工作。双手夹着易燃物来回摩擦，将其搓碎。为了尽可能地提高灼热的小炭头点燃干燥纤维的几率，摆放易燃物时应做到精巧而蓬松，特别是中心位置。由于揉擦时用力过猛，有些易燃物会从手中掉落，可以将其捡起继续揉搓。

用劈裂的圆木支撑易燃物，最大限度地提供氧气流，防止易燃物窒息而灭。

图 35　准备点燃的易燃物和引燃物

如果使用火柴、打火机或者类似的明火，易燃物可放进预先建造的火堆使其火焰偏向火堆。然而，假如你身边只有一块灼热的煤炭，易燃物束应握在手中，在火堆位置或建筑物内部留出一块空地，一旦点燃，可以放置火束。将易燃物束固定在中间有孔的鸟巢形状的结构里。只要你有炽热的煤炭，将其放入其中一个孔内，确保其被易燃物环绕又不会熄灭。背对着风，双手握着易燃物束，对准中心长长的吹气，观察每次吹气时，煤炭的灼热情况。背后吹来的风有助于增加氧气流并刮走你面前的浓烟。

在向易燃物束吹气时，应背对着风。脸不要靠得太近，否则呼出的水分会使易燃物束内部的空气变潮湿。

图 36　点燃易燃物束

轻轻地将两侧向中心推挤以便给煤炭连续提供燃料，但不要把它压死，留心易燃物开始燃烧时冒出的缕缕轻烟。你吹得越使劲，烟就变得越浓。吸气时将头转向一边以免将烟气吸进肺部。最后，易燃物会燃烧起来，并被放进火坑以便添加可燃物，其中一半置于易燃物之上以使火焰滋蔓。一旦火焰停止蔓延，将另一半可燃物置于前一半之上，紧接着再添加一些可燃烧的小木片，使每块木片与火焰充分接触，以保证最大限度暴露于高温和氧气流之间。逐渐加一些较粗的燃料直到火自由燃烧而无需时刻照料。

火的类型

为适应不同的环境，生火的方式也多种多样。提前很短时间通知点火和准备点火，例如：烽火信号，在烽火燃烧的过程中，根据需要安排其他的烽火，改变其结构产生高温、更多的烹饪余烬或保存柴火。

✵ 圆锥形火

这类布置适合新近点燃的火，圆锥体形状促使充分的气流从底部向顶部流出，像烟筒一样。潮湿的木棍完全暴露于上升的火焰之中，使木棍有充分燃烧的可能性。按等级搭建火堆，中心附近的燃料木片最薄，外部周围的燃料木片最厚。注意：假如火的构造太稳固或者你过于吝啬易燃物，中间可能烧尽，留下烧焦的空心结构。合理布置火堆使每一层燃料木片在燃烧时自然向内塌陷，火堆自动供给。最后整个结构塌陷时，此刻火焰旺盛，新的燃料可以置于其上。

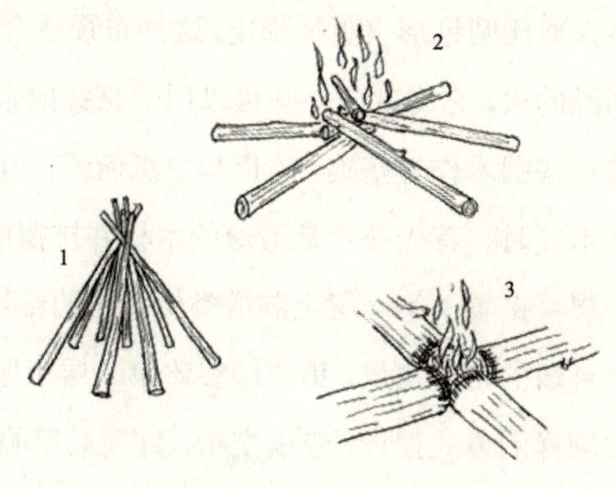

1. 圆锥形火；2. 印第安火；3. 星火

图 37 火的类型（一）

✵ 印第安火和星火

印第安火的布置是圆锥形火的自然进化。随着添加的木材越厚，木材一端置于火的中心作为燃料，另一端在火堆外部呈辐射状。无须将柴火劈成合适大小，随着火的燃烧缓缓向中心添加。这种火准备妥当后，无须精心照料和过于操心，不用将圆木向中间推。为了提高温度或增加火焰，将最大厚度约 10cm 的圆木依次叠放，一端在火堆中心会合。在只需要小型的烹饪火的条件下，将这类火堆转变成低度维护和节约型营火，用四根优质而粗壮的圆木代替一些小型的圆木并于中间会合。采用这种方法堆砌的木材燃烧缓慢并且足够厚，可以将饭锅和水壶放在中央热源的上方。这类布置一般被称为星火。

✳ 网格火

网格火要比圆锥形火更加稳定，这种布置适合快速产生强烈而高温的火，它将生成一些可以用于烹饪的余烬。在火堆周边放一些圆木作为基础，防止其窒息而灭，当你将木材用于制作木筏时：首先必须是最薄的木材并排摆放。其次，略厚的一层直接置于第一层上制成类似木筏的结构、并且与第一层以合适的角度摆放。第三层要比第二层更厚一些，以与第一层同样的方式摆放，纵横交错，直到最厚的一层覆盖于最顶层。最厚的木材应大小合适以便迅速燃烧。

这种布置产生最多的燃料和最充足的气流以得到燃烧迅速的真正的火焰。用这种方法可以快速将闷烧的营火变成灼热灰烬的大而平的底层，在这种情况下，你已经建立了一堆火，没有必要过于担心基础圆木或增加木材的级别，反之，用同样大小的木材建造每一层。

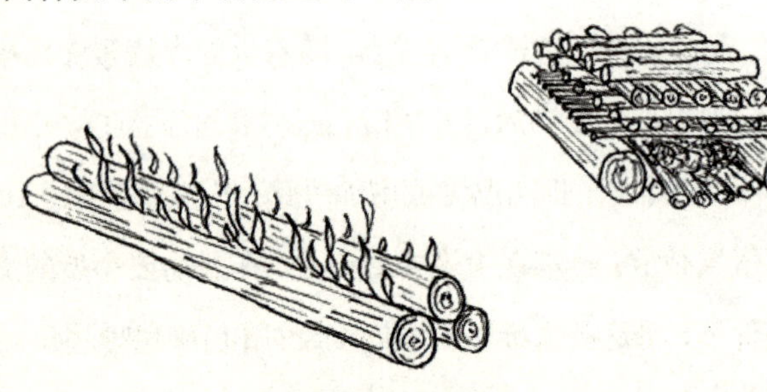

耐烧火和准备点燃的网格火。

图 38　火的类型（二）

通过将火布置于最厚的柴火之上可以形成燃料自动供给的效果。一旦火燃烧的足够猛烈，这些最厚的木材也会燃烧，促使火的上方和下方自动供给燃料。

✻ 耐烧型

用于最寒冷的条件下供暖，专门制造用于整夜燃烧的火，在前面敞开的单坡屋顶的帐篷内，躺在用云杉树枝制作的床上，和火堆保持合适的距离，会感到全身暖和。采用网格火搭建一个极好的余烬基座，将余烬刮去，延长和床差不多的长度，以类似的方式再次搭建，将更加耐烧的木材逐层垒在还未烧尽的木炭堆上方。当你夜里上床睡觉时，你应将几根足够长的圆木放在火堆上，并准备多余的圆木以免火势减弱。用圆木在另一边搭建一个长长的火墙，将热量反射回帐篷并且起到挡风的作用。

✻ 混合型

因为用于执行不同的任务，烹饪火需要几种不同的形式。适合固定营地的结构是圆形火坑，带有辐射型燃料木材作为燃料的强火，属于印第安火和星火之间的类型。在火堆之上有一个低矮的三脚架，上面挂着水壶、饭锅或类似的蒸煮器。还有一条浅壕，约 30cm 宽，需要时远离主要火坑，将主要火坑的余烬推入浅壕用于缓慢烹饪。一根长杆固定在浅壕之上，并带有各种可以调整的饭锅挂钩以获得不同的烹饪温度。

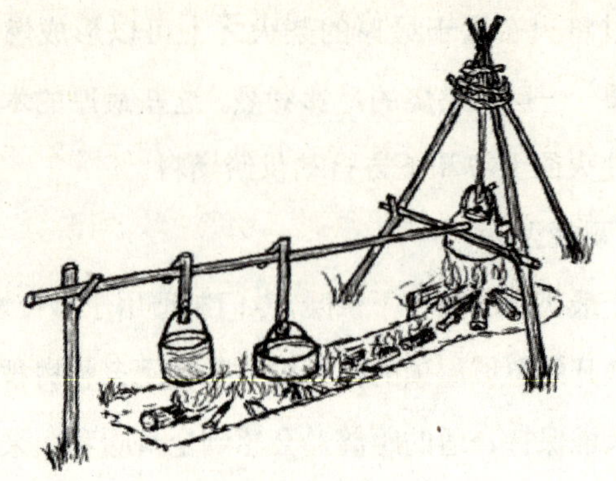

图 39　混合型

✱ 烽火信号

在需要救援的危急情况下，你可以搭建一堆准备点燃并迅速燃烧的火。需要在能够吸引潜在救援人员注意力的明显地方搭建火堆。在浅浅的火坑内摆放一排圆木，以获得足够的氧气流，并在上方搭建厚厚的圆锥形易燃物和羽毛木棍，中间留一个孔放置易燃物束（存放在干燥的地方以备急需）。在圆锥形易燃物周围用干燥的木棍搭建一个圆木屋结构，确保点燃时你正好可以将易燃物束置于中间。圆木屋的墙壁支撑于圆锥形易燃物之上，以纵横交错的方式摆放更多的干燥木棍（类似网格火）。

由于拥有充足干燥而位置合适的燃料和充足的氧气流，预先准备好的火堆迅速点燃并且燃烧。用厚厚的绿色枝叶制成一张微型的帐篷屋顶，盖在整个结构上面以保证其干燥。

你的目的是提供一个和周围环境形成鲜明对比的信号灯，因此：

- ❖ 如果站在一块裸露的高地，下面环绕着有阴暗的森林，或者光线暗淡时，明亮的火焰最适合。
- ❖ 如果你要使发出的求救信号向上穿过阴暗的森林苍穹，让绿色枝叶屋顶燃烧并添加更绿的枝叶产生反差很大的白色烟雾。
- ❖ 如果周围是广阔的颜色较淡的背景，例如：沙漠，黑色的烟雾最好，橡胶轮胎最适合。

如果你拥有足够的资源，以宽阔三角模式搭建三个信号烽火以使信号更为明显。

图 40　烽火信号

清理火堆

在这一阶段，当你拔营前行时，思考一下将会发生什么。不要原封不动地留下火堆。对于新手，无论留下的火堆有多大，若无人照料，随时会有潜在的火灾发生。这也是一个没有经验的户外生存人员的标记。将燃木从火堆中撤出一段时间，让火烧成灰烬，从而使火堆熄灭。否则，你必须在所有未烧尽的圆木上浇水，直到其完全冷却。如果你的火连续燃烧几天，火堆下的地面极其灼热，则需要大量的水将其冷却。

因此，希望你的营地驻扎在水源附近，那么这将不是问题。浸湿地面，并翻地以确保所有灼热的地方都已完全消失。一旦土壤摸起来很凉，耙平壁炉使其消失于视野之中。如果热爱大自然的树木环绕，离开时却留下一个闷闷燃烧的火坑一定会导致类似一些烦恼，这类似于在你要动身工作时，你总是担心你的煤气是否关闭。

点火方法

如你所见，产生足够热量的点火与辛苦准备工作相比黯然失色，后者需要成功照料并使其由火星、小型火焰或灼热的煤炭变成一团火。然而，能够产生足够的热量是一种潜在的救命技巧。遇到紧急情况时，你和别人的生命取决于温暖的火，你必须一直使用最可靠而最简单同时对你有效的方式。团队中有携带火柴的烟民吗？或者你有在你的口袋里一闪一闪的打火机吗？我们将从最简单的方式讲起。

✵ 火柴和打火机

在危险情况下，如果你碰巧两者都有，快乐日子！因为在野外旅行，你应随时携带一些火柴，但要用防水的塑料桶代替厚纸板。将粗糙而明显的部分保持在橡胶带连接其外部的塑料袋里。或者，更加可取的办法是，将部件粘附于盖子上。特制火柴盒上都带有摩擦层。假如你特别具有大男子气概，你可以用你下巴胡子茬！包括一些原棉防止火柴在罐子内危险地格格作响（如果你找不到其他自燃替代物的话，你也可以将原棉当易燃物使用）。

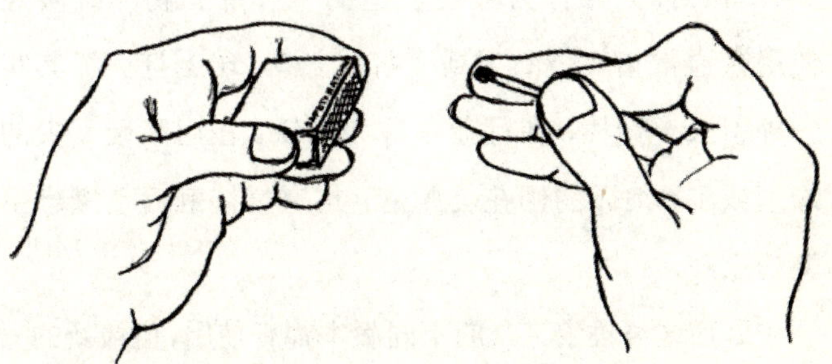

确保你的火柴杆在你摩擦时不会断开，用手指支撑一头，当火柴点燃时不要忘记把手指拿开。

图 41　点火柴

仅为紧急之用的火柴的一头可以用蜡烛上蜡，做专门防水之用。我喜欢红端擦着的火柴，防风和防水的救生船或“暴风雨”火柴也很好用。保证在你点燃火柴时，你的身体背对着风作为屏障，尽你的可能遮蔽。尽量握在离火柴头较近的地方以降低划火柴时火柴折断的可能性。当火柴突然燃烧并产生火焰时，进一步用手挡住直到火柴于易燃物中完成了使命。我随时都拿着一个装有火柴的有螺旋盖的塑料桶，装有一次性打火机的可重封的塑料袋，另外易燃物袋。当心一些要求定期加燃料的闪光打火机：你能确信当你需要时打火机不是空的。

我使用的是一次性的便宜打火机，但它从来没有令我失望过（但只作为紧急之用，而不是平时常用）。

✷ 瑞士打火棒

瑞士打火棒作为救生包里的一种稀有物品确实经常使用！通常指“燧石”或“打火器”。瑞士打火棒其实是一种引火合金棒，在行业中称为铈铁。在用又硬又尖的边缘划或刮，细微的刨花会脱落，与空气接触后点燃产生很烫的火花。

尽管这类救生工具的不同版本都有使用，但最新的一款性能最好。

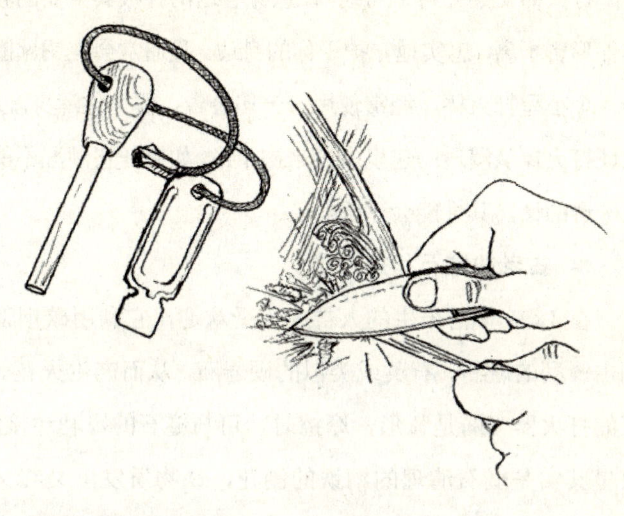

左边：带有刮片的军用打火棒。
右边：小刀的背面也可以代替刮片。将火星瞄准易燃物的底部。

图 42　打火棒

使用的时候，用金属刮片与之摩擦约 12 000 下，每次摩擦会产生温度高达 3 000℃的火花，即便是在潮湿条件下也能引燃易燃物。该数量和质量的火星可以点燃大部分下述易燃物，从原棉、种子穗、树皮碎片到干燥的真菌、多脂材、雕工精细的羽毛木棍。用其中一个进行练习，然而，技术差将产生质量差的火星。长期而有意义的摩擦应瞄准一堆易燃物的底部，而不是瞄准火的大概方向短暂而戳刺型运动。为你的朋友随时携带一个，在野外时可以用来点燃煤气炉——比摸索火柴要方便得多。一些用于丛林生活的小刀可能也配备一个小型打火棒支架并封于刀鞘内，意味着这两种极其重要的救生物件形影不离，忠实地守护于你的身边。我通常会在钥匙圈上挂一个小型打火棒，经常使用。一句警告：假如你浑身湿透，保证打火棒从浸透的包里拿出来擦干净，如果任它潮湿不能使它干透的话，其性能会下降。

✷ 古老的燧石和打火器

在 1826 年前出生的人群中很受欢迎，它利用碳钢物质侧击锋利的燧石、石英或类似的硬岩石，从而产生火花。刚买的打火器一面是弧形，摩擦时，可与燧石的锋利边接触。火星其实是燧石清理的钢铁的刨花，铁物质发出又红又热的光并与氧气接触。用一块含炭布料或干燥真菌用抵住燧石的顶端，这大概是火星落下的位置。其中一个火星落下

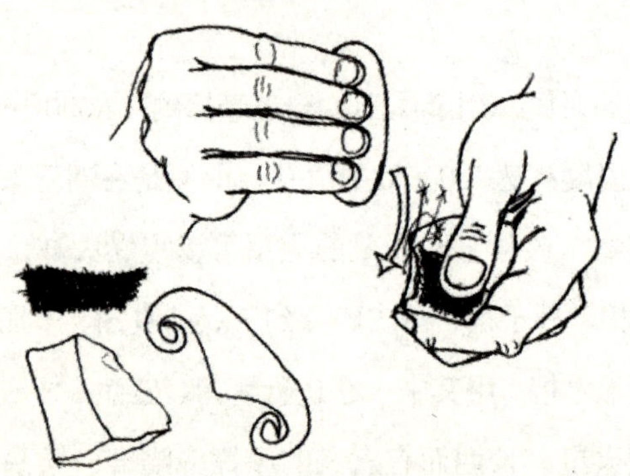

向下撞击弧形片，经过时刮过燧石。仔细观察发光的火星落在含碳布料上。

图 43 传统的燧石和打火器，用碳布料作为易燃物

(你应该可以看到火星点燃易燃物，燃烧，然后越来越明亮)，停止撞击，然后轻轻用嘴吹，使其燃烧起来增加热量。易燃物很快地燃烧后，将其引入易燃物堆中，吹一吹，使其燃烧。

发生紧急情况时，如果你正好在坚硬锋利的岩石旁，你可能有老式的铅笔刀或其他碳钢工具，刚好可以做这件事情。你可能采取一种极其古老的方法，即使用燧石和黄铁矿。这种矿石，也被称为愚人之金，有时可以在燧石旁找到，该燧石看起来像一小堆金子。其外面经常呈现锈色，但是砸开后，你可以在里面发现表面为金属色，其与燧石撞击会产生低温橘黄色的火星。

这必须用到一块由马蹄真菌制成的特干蓬松的火绒。

✵ 太阳

可以通过不同方式利用天空中那巨大灼热的橙色球体来生火。首先，太阳光线可以通过以下方式加强。

使用透镜，例如罗盘底板上的小型放大镜、一副眼镜或玻璃瓶底。将产生的白炽点聚焦于一些易燃物上，如干真菌类植物或粪便上，留意烟。也可以使用抛物线形镜子反射太阳光，将光线以同样的方式聚焦于易燃物上。如果没有专用的器械，软饮料锡罐的凹形底部，经过牙膏甚至巧克力等磨蚀剂擦亮后也可以用来点火。显然，只有处在非常炎热和日照充分的地方，这种方法才起作用。

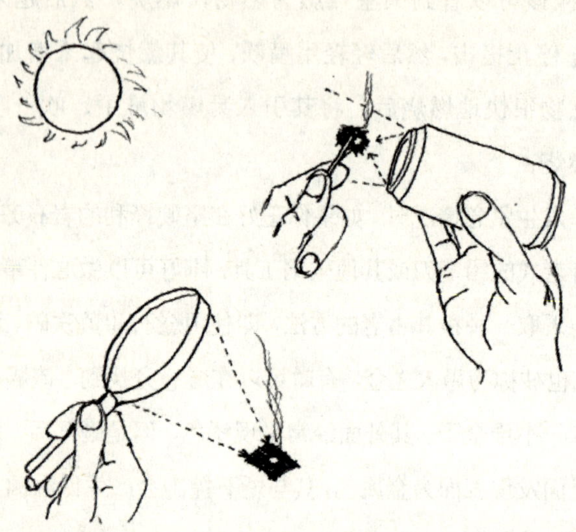

前后移动放大镜或凹面反射表面，直至一小束光点聚焦于易燃物。如果日光强烈，不久你就可以得到灼热的灰烬。

图 44　使用太阳光点燃易燃物

✵ 电

如果你有一些很好的细金属线或钢丝球，只需小量的电压就可以生火，例如：头灯的电池或手机电池。只要将细金属线拉伸至两极，就会发热。然后，尽快用干燥的易燃物包裹发热的细金属线，吹吹就会出现火焰。在真正的紧急情况下，你可能必须权衡一下：用它来生火还是用来呼叫救援。

也可以通过同样的方式使用汽车电池，还有头灯、尾灯或刹车灯。只需轻轻地打破玻璃灯泡，注意不要损伤里面的灯丝。准备好易燃物（可能是急救箱中的现场救急纱布，撕开，弄蓬松），打开灯。灯丝将在几秒钟内呈炽热状态，然后就熔化。用擦亮的易燃物包围，准备好将分开的炙热线转移至易燃物上。

✲ 摩擦生火

当你第一次通过摩擦两根棍子的简单动作生火时，你会感觉到仿佛获得某种丛林生存技巧，被授予重要的钥匙，或有人私下与你握手，允许你进入高级俱乐部。掌握这一最原始的技能一定会是你人生中的转折点。

然而，随着这项技能的熟练，你就会很快意识到这项技能实际上并不简单或原始，它需要深刻地了解不同的树种和植物，自然界可以利用的资源和真正地明白获得内涵和生火的方式。

通过摩擦有几种生火方式，原理一致，其差异取决于当地的材料和气候条件。两块木材根据纹理快速地相互摩擦，最后在较宽木材上形成烧焦的沟渠。这种方法称为火耕。或者可以按合适的角度相互摩擦，称为火锯。可能众所周知的方法是在一双粗糙而坚硬的双手之间夹一根又长又细的木棍快速转动。这被称为手钻。上述所有的方法都是有效而可行的技术，但要求完美的材料、理想的条件和没有缺点的形式。

✴ 弓钻

相比之下，弓钻的方法要求更为详尽的准备，但这种方法将更加迅速地创造更多的热量并且不费太多的精力来补偿使用者。由于将一根绳索捆扎于棒上，该棒使木制钻子旋转多次，因为能量输出比其他方式要多，例如手钻。

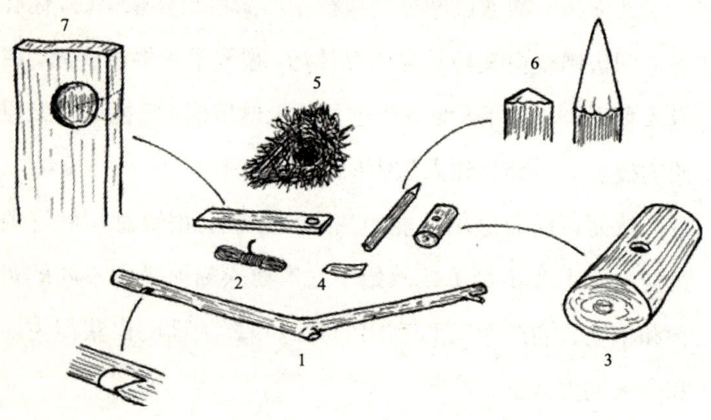

1.棒子；2.绳索；3.轴承座；4.灰烬盘；5.易燃物束；6.钻子；7.灶台

图 45　弓钻的零件

由于其机械优势，这种方法在寒冷而潮湿的天气里或者那些技术不精通的人员手中更有可能成功。我第一次学到的技术就是通过摩擦的方法取火，我也曾自豪地将这种技术传授给别人，当人们用几个旧木材产生火焰时，能看到人们脸上欣喜而惊异的表情。通过自学弓钻这种取火技术，你将获得一种能力并且更详细地了解到摩擦取火的原理，如果你处于合适的环境当中，可以利用这种原理衍生出许多其他技术。

你只需要用类似锋利的刀片加工弓钻的部件，共有 6 个部件。

- ❖ 弓——弓有 2.5cm 粗，由从腋窝到手腕之间距离长的新木材制成。直木材可以使用，但略微弯曲者更佳。在每一端刻有刻痕以阻止绳索滑动。
- ❖ 绳索——你需要长约 1m 的粗绳。遇到紧急情况时，你的鞋带和束带都可以派上用场（如果你只是在实践，随身携带连伞绳从而避免穿着松松的靴子走回家时不舒服）。植物纤维绳索也可以应用，但这种绳索通常不够坚实不足以重复使用。扭曲的兽皮会更好。
- ❖ 轴承座——嫩木块、骨关节、鹿角、带钻槽的石头、帽贝壳，甚至小型的果酱罐都有该用途。不论你使用哪一个，轴承座需要摆放适当，一只手紧握，座底部应刻一个小型的钻槽。当采用木材制作轴承座时，在凹槽里填塞一片柔软的绿色树叶形成一个有光泽的减少摩擦的表面，该表面与钻子的顶部连接，例如冬青。
- ❖ 灰烬盘——可以是木制裂片或者一块树皮，必须足够修长滑到灶台下面，并捕捉你烧焦的木屑。
- ❖ 易燃物束——完全抛光的，精心准备，随时可以接收灼热的余烬。

❖ 钻子——钻子和灶台必须是干燥的、老练而直立的死木头，应该足够坚实和优质用于雕刻并且不会产生粉末。请勿使用潮湿森林地面的圆木——木材必须是干燥的。可以用类似的木材进行雕刻而成，但你也可混合搭配。越柔软的硬木越好，例如柠檬、美国梧桐、赤杨、柳树、白杨。榛木可以制成优质的钻子连同灶台（其他木材也可以使用，但也许要对你的技术做一些改变。例如，松树等树脂木材可以应用，假如将一些细沙撒进槽里——钻子和灶台连接处，产生更大的摩擦。假如你试着使用橡树，你肯定会感到暖和——但是通过身体的辛勤劳作而非燃烧的火焰）。

削一个长约25cm，直径则小于2.5cm的钻子，每一端各带一个尖端和一个圆形的横截面。顶部应锐利地指向固定轴承座的微型的曲面，减少摩擦。钻子的底部必须配备一个钝的尖端，保证宽阔的曲面表面与灶台接触，尽量制造更多的摩擦。当你指望在你钻子里形成一个圆形的横截面时，请不要过于完美主义，雕刻得过于光滑：粗糙的工艺有助于绳索在压力下更好地固定。

❖ 灶台——灶台长为25cm，宽为5cm，和你的拇指一般粗细。假如你找到一块直立的死木头，有着精美直纹理，应使用刀片和板条分裂木材直到要求的尺寸，这意味着你需要稍微做一些雕刻来平整底部。在灶台的一面精细地雕刻一个针尖大小的凹面，大概处于宽的中间部位，离边缘有 1/3 的距离。当你开始钻时，该装置用于引导钻子钝的尖端。一旦制成，将你的灶台和钻子存放在干燥并且远离森林地面的地方直到你需要使用时。

✻ 弓钻的使用

无论何时演示弓钻的技术，我总是一开始就剥去一些温暖的衣服。当我向上望时，看到的是一些来自幸运人群担忧的面孔，深深地注视着我，他们即将尝试这种技术。但不能摆脱的事实是通过相互摩擦两块木材最后获得灼热的炭是一项艰苦的工作。每个人以自己的方式研发更加简单的工艺，一旦取得了一些成功的尝试，这些技术对于你来说就更加清晰了。

首先，通过打结方式将绳索连接在弓钻上，这样可以容易解开进行调整。绳索应稍微松散一些而不是拉紧的如箭在弦上一般。你应该只能使绳索扭曲，一端绕钻子旋转。最简单的方法是将钻子放在绳子的旁边，略微旋转钻子使其覆盖于绳索之上，之后再拧上几圈使其与水平放置的弓弦垂直。这样就使绳索紧紧地裹在了钻子上。确保钝钝的尖端面朝下。假如钻子扭转得过于容易，你不得不重新将绳索系得更紧一些。

假设你是一个右手操作者，只右膝单跪，用你的左脚将灶台固定（最高的针尖凹处）在地面上，即你脚的右边。将钻子钝钝的尖端设置在凹槽内部，用左手握住你的轴承座，将较为锐利的尖端置于轴承座底部的凹槽里，将钻子固定于垂直方位。应靠在左小腿骨上紧紧地固定你的轴承座手柄，以保证各个部件各就各位，否则你将花费大量的精力使这个设备稳定。钻子必须向弓弦内部扭曲，通过来回锯切的动作，身体应略微弯向轴承座，当你转动时，钻子应自由旋转。

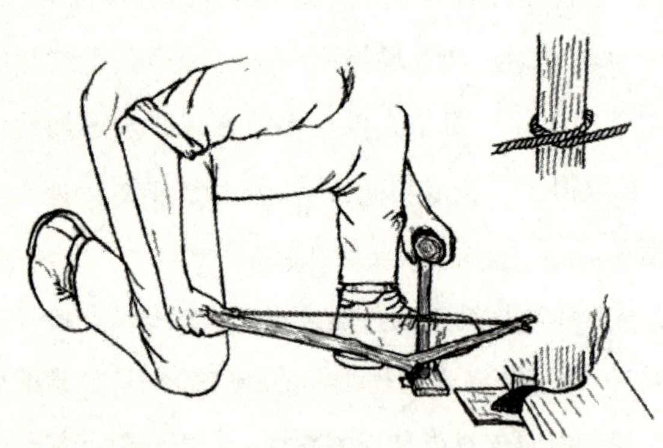

注意：弓弦应保持在钻子的水平方向和中心位置。右腿盘起以避免碍事，左手紧紧抵住小腿骨以防止轴承座左右摇摆。

当你来回弯曲时，黑火药（炭）落在置于灶台凹槽处得灰烬盘里。这种炭，只要足够灼热，就会变成炽热的灰烬。

图46　弓钻的使用

重复的动作会使钻子转进灶台里，通过摩擦产生热量。只要你钻的越来越快并且足够有力，钻子和灶台接触的尖端处开始冒烟，这时木制表面开始烧焦并且相互消耗。钻子在灶台上烧制成一个烧焦的同样直径的凹槽，但是还不要过于兴奋！

你会发现变黑的凹槽到处是烧焦的木屑，或者堆积了焦炭。这种神奇的木屑最后变成了灰烬，为了存放并使其保持热度，凹槽必须插进灶台。

使用锋利的刀片和小型的锯条，在灶台的一边切一个三角形部分，其顶点向烧焦的凹槽中心延伸。

当你充分休息后，再回到同样的笨拙姿势，替换轴承座内部的柔软的绿色叶片（先前的叶片可能早已碎裂），拉紧弓弦（弓弦可能拉伸了一点），在灶台和地面之间和凹槽正下方来回滑动灰烬盘。然后，深呼吸几次，通过来回弯曲的方式开始在凹槽内部再次转动钻子。此刻来回踱步从而节约精力。将注意力集中于规律而平缓的动作，带有适量的向下压力：过多的话，钻子将在灶台里受到束缚或牵绊，使绳索滑脱。过少的话，你的炭（假如你试图制造一些）颜色会变成褐色，没有足够灼热的地方。使弓弦在旋转的钻子顶部和底部中间位置进行运转，向其施加一些压力，如果有需要的话，通过用你的持弓手手指将绳索向弓的方向拉紧。因为你的能量输出，使用弓的全长以产生最大旋转次数。你应该很快就可以看见烟和炭（不然的话，你需要向轴承座施加更大的压力或获得弯曲速度）。

如今，你将会意识到任何摩擦取火的技术要求健康的身体和坚持不懈的决心。在生命攸关之时，不要逞强做英雄，自己独自承担取火的重任；反之，通过改造弓钻技术以增加你成功的可能性，以便两个人使用。通过使用略微大一点的轴承座，两个人可以在同一个弓钻机组上工作，面对面：一个人拉的时候，另一个人推，一前一后的进行协作。

正如他们所说众人拾柴火焰高，带着坚强的意志力和积极的团队合作精神，你将会拥有生产隐蔽的余烬的更大的可能性。

现在就可以从凹槽的灰烬中收集大部分滚烫的黑木炭。当烟变得越来越浓时，凹槽内装满了木炭。在潮湿的条件下，这种方法可能会花费一段时间，然而，在良好的条件下，利用完美的技术你会用 30 s 完成钻木阶段。记住有 101 种原因可能会使这种技术不奏效。假如你制造灰烬的工作没有即刻成功，制定已调整的要求并坚持下去。

通过打磨尖端和添加另一个柔软的叶片你也许可以减小钻子和轴承座之间的摩擦，否则绳索可能会渐渐松弛而需紧固。然而，如果产生浓厚而呛鼻的烟雾，将从你的灰烬槽中溢出黑而发亮的木屑，为了迅速完成，增加一定的掺土速度。使劲快速地猛击 30 下保证你小堆灼热粉末变得足够热使其在中间燃烧并发出灼热的红光。

一旦你进入这一阶段，停止弯曲，小心地将灶台滚到一边以保证你的微型火山完好无损。假如里边足够热的话，应继续冒烟。在保护微弱的灰烬不被大风吹灭的过程中（尽量不要打喷嚏或者咳嗽），用你的手轻轻地煽动缓缓地增加氧气流，你将看见它慢慢变红的同时凝固成一小块灼热的木炭。足够强烈时，将其翻倒放入易燃物束的中间，如前面所述对其进行吹风，使其产生漂亮的火焰。

第五章

卫生和健康

寻找水源，保持良好的健康状态

为了享受户外生活和继续保持良好的健康状态，我们必须了解哪些因素对我们的健康至关重要。了解我们的身体需要什么和如何保护我们的身体是非常重要的。

水

为了保持健康，我们必须紧密监控我们的取水口并确保来源干净或者进行有效杀菌使其适合饮用。我们摄取的一切水分，包括用来洗涮食物或餐具的水源必须是干净的，没有病菌的。在野外生存的环境中，保证你的直接安全和找到遮蔽所后，水源一定是你下一个考虑的因素。

对于人类来说，水源几乎与呼吸一样重要。实际上我们的躯体内含有大量的水，正常情况下，我们每天应摄取约 4L 水。

我们所做的一切事情都需要水源，特别是保持清醒的头脑，调节我们易变的体温，消化食物排泄身体内部的废物。

如比例法中所述，没有空气，我们存活的时间不到3 min；没有水，我们存活的时间不到三天；没有食物，我们存活时间不到三周。理论上讲，法则似乎赋予我们一些日子让我们联合行动找出水源的位置，冷酷的现实是仅仅一天没有饮水，在温带气候的条件下，你以不变的速度进行工作，你将会开始有点虚弱的感觉。口渴、头痛、恶心，总之糟糕的感觉开始使你的身体状况急剧下滑，没有饮水的时间拖得越长，恢复就变得越困难。假如你体内的水分没有迅速恢复平衡，你将经历头晕、腹部绞痛、四肢功能恶化、听力下降、视力下降，最后昏迷，接着死亡。实际天数在此变得无关紧要，决定你生死的是你的身体状况，周围环境以及你的自身调整能力。

然而，注意几乎所有脱水阶段是可逆的，这一点是非常重要的（尽管后来者将要求医疗救助，没有人找到治疗最后一种症状的方法）。

假如你处于脱水状态，找到水源时，切勿大口吞咽。而是，在少量吞咽之前应在口中加热，否则你将呕吐从而失去更多水分（假如你给脱水的人员水时，也要保证遵循这些规则）。

使这一可能性变成现实的是，在生存环境中，由于长时间缺水，你也许濒临脱水或呕吐的边缘，情形尤为严重，我们必须清醒地认识到我们必须在水用完之前或者在我们开始感到口渴之前就应该提前考虑我们对水的需求。

⌛ 计划你的饮水需求

任何旅行,包括寻找方便而可靠的水源所花掉的时间一定要进行详细的规划。只要打开水龙头,大部分人就可以喝到免费的水,这一基本需要往往极易被忽视和得不到应有的关注。打包装备时，除了你的穿衣和住宿要求，水的运输和未来获取应放在第二位置（当然，不要忘记切割工具）。如果你有时间计划和组织你的旅行,你必须谨慎考虑每天的需水量是多少。这一点绝大多数受到温度和你将旅行的环境以及你所期望的工作量的影响。在炎热的气候下，你的每天最少摄水量应为 10L，可能更多，取决于你计划的活动。甚至在温带气候下，较低的期望要求值是每天 4L，这可能意味着至少一次，可能两次，每天停下来进行补充水源。因此，应该仔细规划你的行程，包括从当地资源进行补充的机会，假如你在有限的时间内不能走完止水带之间的路程。想一想你可能碰到的水源的类型,你是否有收集水源和净化设备以充分使用水源。

⌛ 节约用水

尽可能特别注意节约用水。然而，不要将节约用水和合理分配供水混为一谈。你必须保持体内的水分平衡，因此替换和补充水分而不是限制体内的摄取物。察看尿液是一种有用的向导：淡黄色是正常的，但颜色更深一些表示你需要喝更多的水进行补充。如果尿液是粉色的，请停止吃甜菜根！你也需要知道和了解消耗水的几种方式。

⌛ 汗水

过度流汗使你脱去大量的水分，在炎热或寒冷的任何环境下，流汗是一个异常严重的问题，所以更应该一直注意你衣服的选择。在高温下，保证皮肤与轻棉布料的衣服接触，以免蒸发水分流失；而且，如果有可能，只在一天之内较凉爽的时段内工作，其他时间在阴凉处休息。在寒冷的气候下，由于辛勤劳动使体温上升时，应脱掉内衣，但要一直穿着防风衣，如果有可能，当你停止劳动时避免冷却过于迅速。

⌛ 利尿剂

某些饮料，例如咖啡和酒精会导致你小便比平时更频繁，因此不能代替净水。

⌛ 用口呼吸

用口呼吸一次，水分就会丧失，特别是在炎热的气候下，因此尽你最大的努力用鼻子呼吸和尽量闭嘴。有一种方法可以不会让你将所有水分消耗——吮吸一个小卵石。

但尝试这种方法时，我会说你不得不将许多的注意力放在避免将小卵石意外吞下。

⌛ 水的携带

水是沉重的，大约每升水有 1kg，因此你不会想携带过多的水。如需要携带较多的水，应携带轻易更换水的设备和可折叠的储水容器。有多种不同的可行的携带方式，但我的建议是找一些宽口和螺旋盖的硬塑料瓶，体积 1L。因其打包容易，这些瓶子通常贴身配备柔韧性很好的囊袋，饮水管固定在离你的脸部较近的地方是十分方便的，因此激励你定期喝水，当囊袋变空时，向下一折，呈扁平状，但由于囊袋不易清理，容易毫无预兆地突然流干，而且，饮水管在寒冷的条件下将冻成固体。一个大容量可折叠水袋只占用很少的空间，当你路过一个极好的水源时，它有备水的用途。携带一个大水袋，携带时没有必要装得满满的，但需要时它将提供额外的储存容器。一直保证你的装备处于干燥状态的防水袋在紧急情况时可以用来装水，其容量难以置信。

⌛ 什么地方能找到水源

假如你将规划一次旅行，那么水源在地图的帮助下是相当容易绘制的。河流、小溪、湖泊、喷泉，甚至小池塘和沼泽，都将在地图上清晰地显示，你应该能够判定最有可能含有紧急水源的地区。

在那些较为偏僻的地区，你也许需要一些可靠的当地知识作为后盾。可利用地图中显示的高低地势，从中我们可以学到一些关于地形的暗示。除了明显的水域，寻找山谷、悬崖的底部，即水自然向山下流去的地方，一些种类的植物可以预示水源的存在，例如：芦苇、柳树或者赤杨木。在干燥的地貌中，任何植被的存在很容易表示有水域的存在。蜜蜂总是出现在离水近的地方，摇蚊也一样。雀类需要定期饮水，清晨食谷粒的鸟类和低飞的鸽子可以把你引向有水源的地方。你也试着跟随动物奔跑，这种方法似乎经常被使用，特别是对于大量的异类来说亦是如此。

⌛ 水源和采集

在寻找你期望找到的水源时，应抱着虚心的态度。死水池或泥泞的地面看起来是不能解渴的，但有许多方法使水适合饮用。然而，你一定要避开那些看起来好像被化学物质污染或其他形式污染的水源。地面上枯死的植物和类似泡沫的物质是警讯。清澈见底、潺潺的小溪在其上游极有可能隐藏着死去的动物。威尔士的大部分羊群似乎都有一个死前的心愿，就是纵身投入最近的溪流中。要一直查看你所选择的水源是否满意。

⌛ 雨

在大部分地区，雨可以给你提供一种纯净的水源。架设一个防水布尽其所能存水。假如你的防水布或帐篷用来睡觉，雨水收集将会是该用途的珍贵的副产品，在潮湿的气候下，你应该一直收集那些恼人的滴水声。通过在一个棍子上系一个拐角或者通过一块干净的岩石将其压低，提供一个最低点用来引导水流。将一个容器置于水滴下方以逐渐注满水，但要定期查看：在大雨倾盆时，容器很快就被注满了，因此在相当潮湿的环境下，你应立刻建造一个良好的水库。保证你的防水布是干净的，不加那种可能污染水源的防水剂的涂层；随时查看上方的树冠覆盖面，因为有雨水渗透的有毒植物。缺乏防水布时，救生包或任何大小的防水材料都可以用来盛水，尽管很明显防水布越大，你收集的雨水就越多。大型的叶片也可使用，甚至精心设计的帐篷的茅草屋顶也可以将雨水导入雨水收集地点。

有时，你会发现一棵老树有着天然的空洞，此处庞大的主干分成两个或更多更细的枝干。这些“树井”经常有水注满，甚至塞满了腐烂的树叶物质和从树上浸出的丹宁酸，闻起来不爽。假如你在大雨倾盆时挖出腐烂的淤泥，你将极有可能在树井内收集大量的优质水。这水有时有你的前臂深。在树上浸出的丹宁酸污染雨水之前，将雨水舀出，迅速过滤，切勿在有毒的树上尝试该方法，例如：紫杉树。

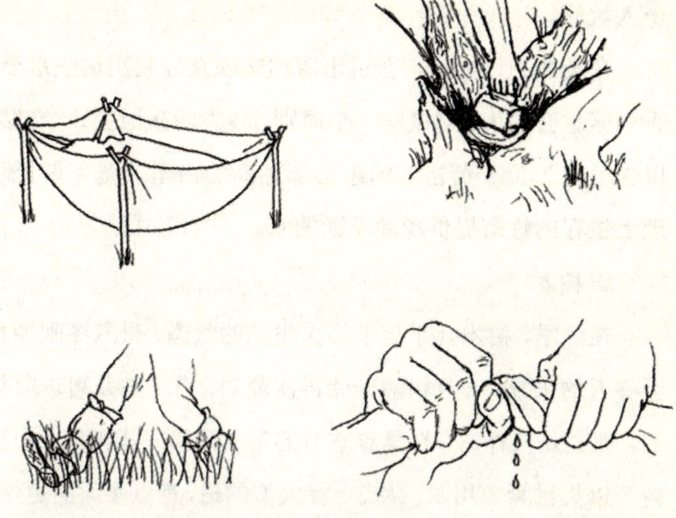

采用防水布盛雨水。如果你有多余的防水布，将其架设，提供巨大的面积用来盛水并且将每滴水存到防水布制作的水库内。将水从树井内舀出。

图 47 集水方法

清晨在繁茂的草地上散步时，将吸收性能良好的布料裹在小腿周围，将水分拧到一个容器中。

⌛ 露水

首先，在早晨和傍晚，草和裸露的植物上覆盖着一层水，可以用一块干净的布料吸收水层，然后拧到一个容器内部。听起来工作很多，但是，在日出前，拖一根绑有吸收性能很好的材料的棍子穿过草地，将产生大量的水。露水也可在一切冰冷的表面进行收集，因此表面光滑的岩石可以收集，置于镶有塑料边的浅坑内吸收水分，水分往下滴入坑底。

在炎热的气候下，在日出前你必须充分利用这些水分，否则露水会消失。遵循同一个原则，较大的露池曾几个世纪以来一直为位于英格兰的东南部高高的白垩苏塞克斯丘陵地上生存的牲畜提供源源不断的水。

⌛ 树木

在冬季，树木几乎处于停止生长的状态，进入冬眠期直至春天的来临，一旦树液开始再次流淌，有一些是可以收集的。尤其是白桦树，在早春季节的第二到第三周期间，白桦树可以提供紧急用水。寻找一棵大型的树，有点倾斜的更佳，用你的小刀和板条在有点倾斜的地方通过树皮小心戳一个洞。假如条件理想，正逢时机之时（通常是在二月底或三月初），你将会看见一滴滴树液从洞里流出，迅速变成细流，然后不断滴下。假如树足够倾斜的话，水滴从枝干流出并且流向收集容器。假如不够倾斜的话，你也许需要安装突出的水滴导向管，以便将树液导向你所期望的地方。随着时间的流逝，你的容器将会注满，提供略微甘甜的饮料，这种水令人愉快并且提神，如果你有多余的水，可以用来煮沸并且生成糖浆。（一旦你的容器装满后，友好地对待树木，用木质的部件塞住洞）。树液用做你饮水的唯一来源是不够纯净的，然而，假如你在白桦树附近的话，你仔细寻找极有可能发现附近有一个更好的可用水源。

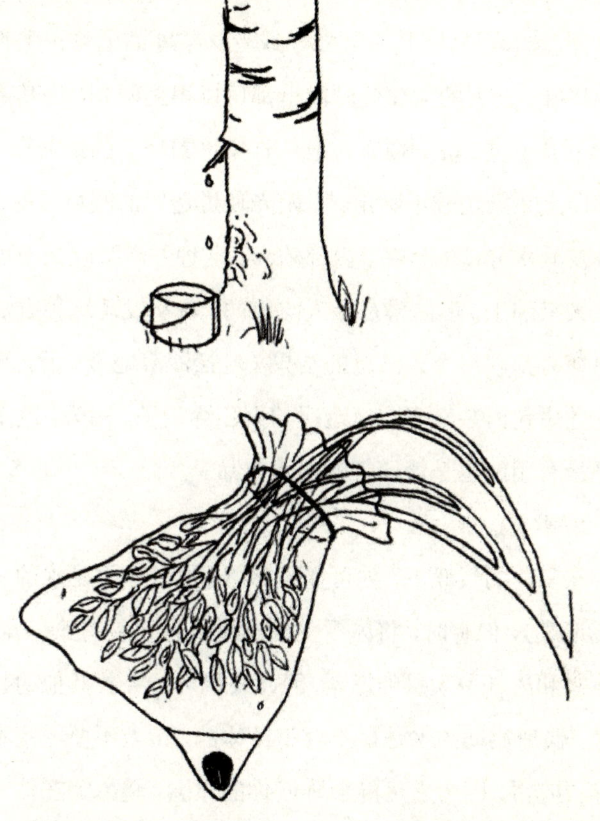

从树上取饮用水的两种方式：

上图：待到春天，在白桦树上凿一个洞，将树液导入容器以获得凉爽而带有甜味的水。

下图：如果你有一个大大的透明塑料袋，白天叶片散发的水分可以在袋子内部收集。这是一种令人惊奇的有效方法。

图 48　树液收集和蒸发陷阱

当暴露于阳光下时，树木通过叶子散发出水分——这个过程称为蒸发。假如你有一个透明的聚乙烯袋，可以收集这种水分。选择一些特别多叶枝干或者从某地的无毒树上收集一捆树叶，一天的大部分时段里都可以得到阳光，将其密封于一个袋子里。将一颗卵石泡进收集水的袋子的最低点，将颈部向上系紧绕枝干固定。太阳光通过透明的塑料照射，树叶散发其水分，并于袋子内部浓缩。这种方法听起来不可能产生大量的水，但结果是令人吃惊的。自从发现这种方法在任何地方都获得令人满意的结果（包括沙漠地带）后，我总是在救生包内装一个大而透明的聚乙烯袋子，因为，这个袋子是最有用的也是最便宜的取水物品。

雪

在寒冷的气候下，你可能被冰雪包围（冰雪是水的一种表现形式），但有时，将冰雪变成水不像你想象的那么容易。加热雪和冰耗费大量的燃料，因此要尽可能寻找其他的替代水源。快速流动的水是最不容易结冰的。千万不要经受不起诱惑去吃雪，因为它可能会降低你的体温。将冰雪在体内融化会用掉你珍贵的体温，更不要加大在寒冷天气里冰雪对嘴的损伤的可能性。

雪可以在饭锅里融化，除去那些潮湿而泥泞的雪，尽可能寻找那些仍然纯白的雪。粉末状的雪含有大量气体，只能产生一罐水的 1/10 来为你解忧。将雪压的过紧可能导致灾难，因为雪挤压的底部形成的空气空间可能先融化，这样薄锅可能过热，以致损坏。冰是更加聪明的选择，它比雪中所含的空气要少，一锅冰融化成更多的水。

另外一个选择是用多余的 T 恤衫或者防昆虫护头网装满雪，并且挂在火的附近任其慢慢的融化，并滴入下方另外一个容器内。保证防昆虫护头网没有用杀虫剂处理过。一旦雪融化了，采取措施将其存放于温暖一点的地方，以防水在水瓶内冻住。

天气冷时容易脱水，这超出你的想象。一般在寒冷的气候中食用高脂肪和高蛋白的质食物，需要更多的水分来将其分解。此外，你肯定不想饮用冷水。有机会就给自己弄一些温和的水，暖暖胃，也可以让你多喝一些水。我向大家衷心地推荐饮用云杉、大冷杉或松制成的针叶茶。树枝尖生长的淡绿色针叶比较柔软，富含维生素 C，具有浓郁的果香味，这些树枝伸手可及。首先将水煮沸，然后将一大把针叶放入锅中泡 5 分钟左右，就像煎药一样。如果一开始就将针叶放在水中煮，那么就会丧失这些宝贵的维生素。滤掉针叶后就可以放心饮用了。这肯定会是你品尝到的最好的绿茶，放凉后，味道很像不发泡的柠檬汁。

⌛ 地下水

我们也许会经常碰到下列情况：地下充满了地下水，但是却看不到池塘或泉水。有时地面看起来也许并不是那么湿润，但是却有芦苇、蕨类和藓类植物，这些都是典型的喜水性植物，是地下水存续的迹象，我们往往可以通过它们找到地下水的蛛丝马迹！接下来要做的便是挖一口简易的水井。

用一根尖棍或铁铲（如果有的话）向下深挖，直到坑底有水渗出。不要奢望这口井会像地下水管爆裂或油井一样，水会喷薄而出，你只会看到坑底的土壤渐渐变湿。待坑里自然溢满水后，将水全部舀出，因为这些水大多数情况下都会很脏。当水坑再次溢满后可能还要进行以上操作，之后溢满的水会非常清澈，可供使用。如果水坑的尺寸合适，用铁罐或杯子从里面舀水时不会碰到四壁，舀出的水应该是清澈的，然后用些芦苇或类似的无毒植物作为过滤器，对水进行过滤，同时在井口做一个盖子，防止杂物掉入井中。

我曾在一股极其细小的溪流旁露营过几天。我挖了一口简易井，使细小的水流不断流入，就像一个关不住的水龙头，这样用水就不成问题。

在沙丘后面挖井有时也可以获得干净的饮用水，但是，饮用这种水之前一定要进行测试，因为它往往是咸水，喝下后会使人加速脱水。

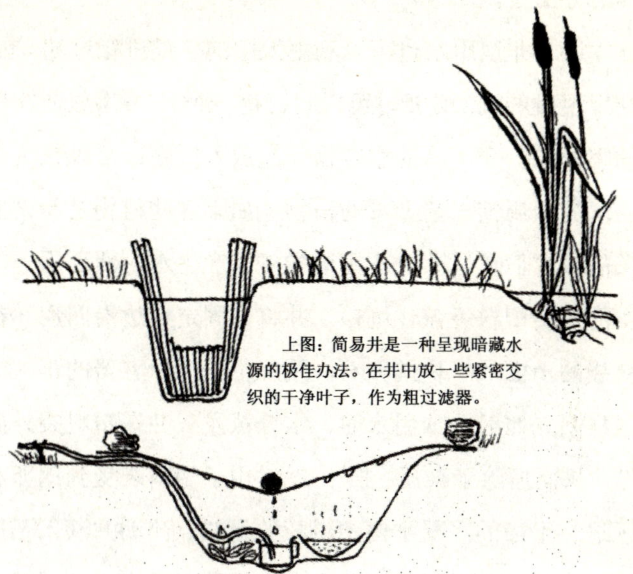

上图：简易井是一种呈现暗藏水源的极佳办法。在井中放一些紧密交织的干净叶子，作为粗过滤器。

下图：蒸馏器利用一张透明的大塑料薄膜从不洁净或不可用的水源处蒸发水，然后将薄膜上产生的水滴滴入一个干净的容器中。此时，你可以使用一段管子进行抽水，而无需拆下蒸馏器。

图 49　简易井和蒸馏器

蒸馏

一些水源只需通过蒸馏就可以饮用，但是，如果没有合适的设备，考虑那些琐事一定会让你感到绝望。首先烧水，用吸水布吸收产生的水蒸气，然后把吸水布的水拧下来。虽然得到的水并不多，但是却可以安全饮用，求生困境中我们绝不能饮用咸水和尿液，而这些水也可以采用同样的方法过滤。

这些非饮用水也可以利用太阳的热量进行过滤。首先，利用现成的坑（必要时可以自己挖一个），将盛放非饮用水的容器和一个干净的空容器一起放入坑底；可以在坑内和沿坑的四周铺一些无毒的植物，如果这些植物是新采摘下来的，它们通过蒸发作用同样可以产生水。然后用一个结实的透明塑料袋盖住坑口，并将其固定在边沿四周。在塑料袋的上面放一块鹅卵石，刚好位于干净容器的正上方，这样阳光照射非饮用水时，水分蒸发，并在塑料袋外面凝结，从而摒除了杂质。接下来，（由于塑料袋受到鹅卵石的压迫）干净的冷凝水向塑料袋的最低点流动并滴入干净的容器中。正是掌握了这种个人实用技巧（你应该试试这些方法），我可以肯定地说它非常有用，而且获得的小股纯净水可以直接饮用，但是，它尝起来仍然像蒸发水源——尿液的味道。

⌛ 过滤水

有一些地下水或地上水可以直接流入现场制作的集水容器，这些天然的自流水源都不能视为洁净水。肉眼可见的非洁净水中，可以清晰地看到其中漂浮的碎屑和植物，净化之前必须进行过滤，因为这些较大的颗粒会影响净化的效果。如果可能的话，那些轻微浑浊的水也要进行过滤，以免刺激内脏。米尔邦克袋是一种编织紧密的布袋，将浑水倒入袋中，让其慢慢流出，从而过滤掉所有颗粒，然后将过滤后的清水装入壶中，进行化学净化或蒸煮。如果你凑巧没有米尔邦克袋，可以使用咖啡滤纸，这是一个很好的替代品。遇到紧急状况时，任何用编织紧密的布料做成的袋子——裤子、衬衫或袜子——都会发挥同样的功用，即使这些材料大多数都要重叠或层叠起来。

右图：米尔邦克袋可以从非洁净水中滤出所有颗粒。让水流过袋子，直到杂质从袋子外侧冲下，然后将剩余的水收起来进行消毒。

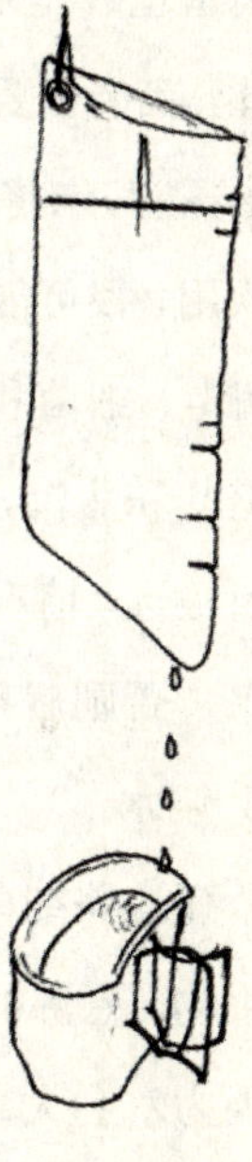

左图：用柔韧的桦木树皮制成圆锥形袋子，配合一个简单的树桩使用，袋子中塞满厚厚的多孔材料，这种方法也可以用来应急。

图 50　过滤水

如果你没有多余的衣物，可以现场制作一个过滤器：用一卷树皮或几张无毒的大叶子卷成一个简单的锥体，可以将水倒在里面。然后在底部开一个小孔，在锥体里面塞几层安全的天然材料，这样水才可以慢慢地进行过滤：粗沙砾、细沙粒、木炭（并不是炭灰）、底部的沙子。同样，我们也可以采用密实的无毒植物，在中间夹一层粉末状的木炭层收集锥底滴落的水，并在饮用之前进行净化。

⌛ 净化水

雨水也许是唯一的安全水源，收集后可以直接饮用。即使如此，我们也要持怀疑态度。无论你面临生死关头还是仅仅外出露营，未将生水中可能含有的水滋生病菌进行处理而直接饮用，很可能会得重病。因为生水中可能游荡着小寄生虫、病毒、细菌和原生动物，如伸缩性很强的隐孢子虫，会引起呕吐和腹泻，进而恶化，成为潜在的致命疾病。如果你离厕所很远，情况将会很糟糕；如果遇到紧急状况需努力避免脱水，否则后果将会非常严重。

⌛ 烧水

杀死这些细菌的一个方法是烧水。将水烧开可以杀死所有微生物，煮沸的水可以安全饮用（然而，烧的时间切勿过长，因为水会大量蒸发掉）。如果你有一个铁壶，并且可以生火，那么烧水并不费事；即使你收集的水源闪闪发光，看起来清澈透亮，烧水也是一件非常值当的事情。如果你身边没有铁质的蒸煮罐，可以用火加热岩石，然后将加热的岩石放入一个非金属容器中，从里面进行加热，整个过程中要不断往水中加岩石，直到水烧开为止。如果容器碰到滚烫的岩石会熔化，那么你需要编一个木条筐，装上岩石后一起放入水中。

如果你没有铁制容器，可以将滚烫的岩石放入现场制作的大锅内，从里面将水加热。

图 51 用岩石烧水

⌛ 化学净化

生水经过化学处理而成为安全饮用水的方法有好几种，一个全部武装的户外爱好者应随时携带一些净化药片，以备不时之需或是无法生火的情况。野外旅行者也经常会使用一些化学药品用来净化饮水，维持健康。然而，单独使用任意一种方法是无法像烧水那样，确保将所有水滋生病菌杀死的。同时，药片也不能长期使用，应尽可能首选烧水。

采用任何化学净化方法前都应仔细阅读操作指南，因为它们并不适合所有人群。而且，这些药品的接触时间各异，在不同的环境中也会发生不同的反应。你应当确保容器接触非洁净水的所有部分必须经过化学处理，尤其是盖子和容器口，并且明确标识盛放未杀菌水的所有容器。

⌛ 便携式净水器或过滤器

这些便携式小手动泵用来抽取污染水，经过一系列过滤器和化学药品的处理后，将水再次送回饮水容器，以供饮用。过滤器使用寿命有限，但是却可以在旅途中进行更换，这样你就能净化水了，而无需烧水。在极冷的条件下使用这些净水器或过滤器要额外小心，因为残余的水结冰后会导致内部件爆裂。

⌛ 碘

这里的碘一般是指药片或液滴，有时还要添加一种除味剂，因为它的味道并不是很好。碘需要经过一段时间才能产生作用并降解；如若暴露在阳光下，活性就会降低。使用时应当严格遵守操作指南。特别注意的是：孕妇、甲状腺患者和碘过敏患者应避免接触。

⌛ 氯

这些药片会让你想起意外吞下游泳池水的感觉。在白色的碱水中它们的活性比碘弱，因此需要作用较长的时间，才能获得安全的饮用水。然而，氯在低温下的活性却强于碘。

⌛ 公共厕所

毫无疑问，从某种程度上说，摄入的东西一定会再次排出，因此，当厕所距离水源很近时，你必须非常小心，以免污染饮用水源。在行进中挖一个厕所，首先要选择一棵大小合适的树将其放倒，剩下要做的就是在上面挖一个浅坑；如果你已经安营扎寨，可以在营地远处建一个固定的厕所，一般最好选在营地和水源的下坡处。

选择一处排水好、遮蔽佳的地方，挖掘时不要碰到潜水面。如果厕所是供几个人使用，那么挖掘尺寸为长：1m；宽：30cm；深：50～100cm。在厕所一侧打个桩，每次使用完厕所后要用土掩埋粪便。如有可能，卫生纸要进行焚烧，但用过的植物可以直接丢进坑中。

如果你有时间，做一个光滑的原木条凳作座椅，上面加一个靠背。同时，在靠背一端打环，系一条结实的绳子，以防上厕所时身体后倾掉入厕所。在厕所旁边存放足够的卫生纸或卫生纸替代品（苔藓或无毒无刺激性的大叶片），这些通常都放在高处。附近要是有个水桶或盛水的容器，再带一块香皂就再好不过了。但是如果这些都不可能实现，那么在返回营地前，你必须想些办法将手洗干净。例如一些好的天然香皂替代品。

舒适、没有臭味、外观往往都非常美观。

图 52　一个成型的营地厕所

虽然这样的厕所和地上挖的坑相差无几，但令人惊奇的是它没有臭味，并且非常干净，可供多人使用，同时，这种厕所使用完毕后可以立即回填。在填埋厕所的地方用两根木棍做成“X”状进行标记，提醒他人注意，或者以免自己在近期无意中选择相同的地方做厕所。

⌛ 寄生虫和扁虱

户外睡在叶子和野草上时，你可能会接触一些微小的寄生虫和昆虫。全身上下要定期检查，尤其是在那些黑暗温暖的地方（你也许需要一个密友或一个带有一定角度的镜子），因为这些小生物非常喜欢藏在这些地方。它们大多数只是吸血，饱餐后就会离开，但会在人体上留下一个微小的创口，很痒，可能会感染。如果你很倒霉，它们可能还会带给你一些令人生厌的疾病，并且它们吸附的时间越长，你染病的几率越大，因此，能够轻易捕捉这些小生物显得非常重要。

当然，预防重于治疗，因此，你必须采取一系列措施驱虫，例如每天往身上喷驱虫剂。有时候，暴露在外的皮肤最好不要洗掉过去喷洒的驱虫剂，在上面继续喷洒，就像刷漆一样。格外注意衣物的开口处，如裤脚和腰带。即使你将所有部位遮得严严实实，这些微小的不速之客都可能在你的衣物上定居，四处游离，直到它们找到入口。因此，不要仅凭裤子装到袜子里就认为自己很安全。

扁虱是一种类似于蜘蛛的黑色生物，可以吸附在人类的皮肤上，吸取血液，然后再跳下来享受它们的大餐。它们会携带莱姆病菌，因此必须尽快铲除，而且要非常小心。用镊子尽可能贴近皮肤夹住扁虱，然后轻轻地拨掉，不要留下任何残留物。当你回到家后要时刻注意叮咬的伤口，如果伤口处长出红疹，应立即求医。

如果你发现身上有个水蛭，可以用酒精、驱蚊露、盐水或尼古丁驱赶，然后将伤口包扎起来。

一些地方因存在常年活动的危险的叮咬昆虫和热带

疾病而闻名世界，前往这些地方的旅行者应携带一张质量好的蚊帐，可以整夜都睡在里面（挑选的蚊帐上下都可以关起来，从而形成一个完整的封闭空间），出去前要服下一些相关的药物。

暴露在极端条件下

如果遇到恶劣天气，维持自身的微气候环境，并使身体保持在适当的温度非常重要。摄入的水会直接影响人体的冷热系统。健康状况、通风、受伤情况和服饰选择以及其他因素同样也要纳入考虑范畴。如果没有合适的衣物或装备，你必须借助于天然的遮蔽所。

低体温症

并不是只有待在北极才会遇到这种可能威胁生命的情况。如果人体中心温度低于35℃，就会出现体温过低的现象。导致这种疾病的原因会有很多，例如风寒、断粮、又冷又湿、劳累、焦虑和不活动。你必须尽早清楚自己的病情，为了做到这一点，你需要识别初期的症状。不要害怕采取措施，即使会缩短行程，也要找一处遮蔽所。

由于血液返回身体核心，人在极端气候条件下会出现全身发抖、不想说话并且双手失去灵活性的状况，这些都是一些最初的症状。发抖是必要的，可以使体温上升，但是它却消耗了我们可能缺乏的生命能量。在这一阶段采取的重要措施应该是添加衣物、注意休息、找个躲避的地方并且喝一杯热饮。

如果这些症状未得到遏制，下一个阶段会出现一些不自主的行为，发抖越来越剧烈、动作笨拙、神志不清。此时必须采取一些重要措施防止热量的进一步散失，但是我们绝不能让体温过低的患者四处跑动或是接触外部热源，因为那样会使血液从需要的主体核心流走。这无疑是一个致命错误！患者必须靠自己暖和起来。进入遮蔽所并钻进温暖干燥的睡袋（可能有两个）会有助于体温回升，同时还需要热的甜饮。

如果病症进一步加重，必须让患者静躺，密切关注他们的呼吸和脉搏，并寻求医疗急救。如果他们停止发抖，就急需医疗救助。此时，应停止供应热饮和食物，让他们静躺，使其远离恶劣天气，并且观察气管和脉搏，直到救援到达。

⌛ 中暑虚脱和中暑

身处极其炎热的环境中，人体会迅速过热。保持肌肤湿润、戴一顶宽沿帽、身穿浅色的全棉衣料，可以提供全方位的防护，并涂上防晒霜，利用上述方法可预防人体迅速过热。

中暑虚脱患者会感到晕眩、大量流汗，皮肤冰凉、黏糊糊的。将他们转移到阴凉处，进行输液，从而使他们的体温下降。抬高患者的双腿，促使血液向脑部流动，并且密切关注他们的情况。

中暑虚脱会演变为中暑。如果患者感到晕眩，进而头痛，停止出汗并且感觉燥热，应迅速将他们转移到阴凉处，让其躺下，头部抬高，尽全力降低他们的体温。接下来给他们盖上一张湿的棉质单子，脱去多余的衣物并给他们扇扇子，但要注意他们是否会失去知觉，因此，要观察他们的呼吸、脉搏和体温，从而决定他们是否需要进一步的降温。

切记在极端天气条件下，预防永远重于治疗。因此，要选择合适的衣物并正确穿着，密切关注任何可能突破你第一道防线的因素。

第六章

大自然的馈赠

寻觅野生食物

我经常在想一个问题：如果人类突然销声匿迹，那么自然之母需要多长时间才能重新开拓土地。有时，大自然看起来残酷无情，不断追求着主导地位，就像根芽突破重重阻力钻出地缝，幼苗在最陌生的地方扎根。我敢肯定，如果有一点点机会，天然林都会从覆盖其上的薄混凝土外壳下钻出来，而我们则会回到自然界等级中正确的位置。虽然我也曾设想巨型三裂植物可能会统治世界，但对于那些喜欢植物并且知道它们的重要作用的人而言——想到它们的毅力，并关注它们的持续生长，我想这将是一件令人欣慰的事情。

无论是否野生，绝大多数情况下我们身边总会存在各种各样的植物。对于旁观者而言，这往往非常模糊，就像一个绿色的网幕，偶尔间上面突然漾出颜色，显现一朵花或一种依稀熟悉的水果，此时，这个网幕会吸引我们的注意力。而对其他人而言，它看起来也许仅仅像一大块蔓延的野草。然而，那些对植物有兴趣并且用完全不同的眼光看待植物世界的人，他们随时随地都会看到食物和工具资源。即使身处陌生的环境中，他们也会找到许多类似的面孔，就像偶然碰到老朋友一样。他们知道每个季节有哪些产物，并且利用一种每年都会重新长出的有用植物来指示日期，作为户外的日历。具备一些野生植物的知识会将你的户外生活提升到另一个高度。只有将野生食物放入锅中，你才会真正感觉到自己成为自然界的一部分。延长行程时，如果我们希望食物更加美味并且种类更多，可以打包一些基本的碳水化合物，如面粉或大米，它们会促使我们去采集野生的季节性食物进行各种烹饪尝试。

从求生角度来看，我们会需要许多野生植物作为食物源。人类早已习惯在日常生活中食用许多可以轻易获得、快速作用、富含碳水化合物的含糖食物，这些含糖食物可能远远超出过去打猎和采摘所得的食物量。这些食物组成我们饮食的绝大部分，为我们提供能量，帮助我们保持充沛的精力随时准备行动。当我们突然闯进一个完全陌生的环境，这样的高碳水化合物一定很难获得，因此，我们可能需要随遇而安，尽力适应环境。众所周知，我们的祖先靠种地为生，他们早已习惯在粮食欠收的时候整天饿着肚子。他们清楚自身机体的反应以及他们的极限，所以知道该如何应对。

然而，陷入求生困境时，我们的首要任务是准备遮蔽所、保暖和寻找水源，然后再去觅食。这些事情都需要投入很多宝贵的能量，即使到头来可能并不会带回任何食物。那些以狩猎和采摘为生的人类祖先，他们的基本需求可能早已得到满足，因此可以紧紧地围坐在一起，储蓄能量，等待新的机会吃东西，真是这样的吗？不管怎样，一旦生存成为首要问题，我们很可能需要大自然的能量。

吃是为了活着

为了活着，我们每天都需要一定的能量。当我们身处野外时，没有合适的设备为我们提供热量，压力也会比平时高，即使静静地坐在那里，什么也不干，我们所消耗的能量，也比常人要多！当能量摄入量低于支出量时，我们的身体会立即开始调用积蓄的能量；如果这种差额不能得到平衡，那么我们会很快就会陷入饥饿。除了脂肪和蛋白质这些普通的碳水化合物（提供能量），人类身体可以转换各种食物类型；但要将这些食物转化为能量却比较难，因此，我们会觉得有些懒洋洋的。然而，这总比什么都没有强，记住这一点，我们就应该首先关注能量的总摄入量，然后想想以后要从哪里获取这些能量。我们首先要做的是收集所有高能量食物资源，然后再考虑薄荷叶是否可以作为蠕虫烩饭的配菜。

究竟我们每天要摄取多少能量才能确保能量不会亏损呢？此时我们要考虑的因素很多，例如我们的年龄、体质、日常工作负荷和身处的环境。这里做一个大概的指导，我们可以假设温带气候条件下面临求生困境每天需要 3 500kcal[①]的能量，但在寒冷的环境中工作负荷较高，所需要的能量可能会轻易加倍。从野生食物资源中获取这些能量并不是一件容易的事情，但是，如果我们两手空空没有一点食物，又会发生什么？我们的身体调取体内积蓄的能量。如果体内储存的糖原还没有用完，会通过肌肉组织迅速耗尽，接下来是储存在人体内的脂肪，最后是蛋白质。存储的人体脂肪中每 450g 中含有大约 3 500kcal 的能量，因此，从理论上讲，每天摄入的能量相当于每 450g 多余脂肪携带的热量。

众所周知，不带任何食物外出旅行的时间一般为 3 周。有时较长，有时较短。而真实的情况是，如果不吃东西，用不了几天你就会发现能量水平急剧下降，并且做决定的能力也急剧变差。像倒下的多米诺骨牌一样，它会反过来影响几乎每一个求生活动，因此，我们必须竭力采集一些植物，为我们补充能量。然而，为了做到这一点，我们应该了解能量究竟从哪里来。

① 千卡（kcal）：热量单位，非法定，1cal=4.185 85J。

营养物质的分解

这些食物群和营养物质本身就具有非常重要的作用，均可以从自然界的植物中获得。

碳水化合物

这类食物群可为人体提供能量。它们容易被人体吸收，以糖原的形式存储在肌肉和肝脏中，并且可以通过剧烈运动以及长时间的持续活动，迅速转化为能量。我们的大脑从肝脏获得糖原，并将其作为主要的能源，因此，碳水化合物对我们保持健康的神智也具有重要作用。同时，碳水化合物也需要从饮食中摄取的少量水分来进行分解，从而转化为能量，也就是说，为了得到安全的饮用水，在水较少的情况下，烧水时添加的柴火也要少一些。然而我们的身体对碳水化合物的储存有限。肝脏和肌肉中储存的碳水化合物也并不多，大约只有 1 500kcal（或够你维持半天），因此，这就需要从我们的食物中摄取。那些过量摄取但不能被储存的碳水化合物会转化为脂肪储存在人体内。这种储存的脂肪同样会给我们提供能量，但只有当我们无法摄取足够的碳水化合物时，方能奏效。

人体燃烧碳水化合物以获取热量时，我们经历的是一个能量增减的过程。如果我们无法得到足够的能量，身体就会有所反应。同时，我们也会意志消沉，无法专注于所做的事情，甚至会全身发抖，伴有轻微的头痛。

如果你正在采集并享用植物性食物，很可能会获得一些碳水化合物，因为它们常常会包含在植物的根部、果实、绿叶蔬菜、水果和海藻中。我们必须摄取尽可能多的碳水化合物，以便维持在户外生存所需的能量，虽然户外的有用植物成千上万，多种多样，其中有许多可以作为食物，但是碳水化合物含量达到人类常用水平的植物却不多。庆幸的是，即使饮食中碳水化合物的含量低于正常水平，我们也可以维持生命，并且仍然觉得非常健康。每天125g纯碳水化合物被认为是可以接受的摄入量（举个例子：在野生食物采摘者看来，这大约相当于5条普通大小的牛蒡根）。为了维持生命，不仅要吃饱，还要保持旺盛的精力，你依然需要从脂肪和蛋白质中摄取日常所需的剩余能量，按照真正的能量标准采猎食物。建议你最好阅读接下来的两章内容，并准备好这些捕捉陷阱。

脂肪和蛋白质

肉类和鱼肉是野外最佳的高质量脂肪和蛋白质来源，虽然这些也可在一些植物性食物中找到。就人体而言，脂肪是仅次于碳水化合物的最佳能量源泉。脂肪还有一个优点——每克脂肪所含的能量是同量碳水化合物和蛋白质能量含量的2倍，因此，我们显然可利用它来最大限度地提高饮食中的能量含量。此外，坚果和种子中的脂肪含量也相当可观。

植物蛋白质既可以在坚果、谷类、种子中找到，也可以在绿叶蔬菜和菌类中找到，但是这些并不是你在野外获得蛋白质的唯一来源，因为每种植物都会提供一份不完整的氨基酸配额，肌细胞需要氨基酸来进行生长和修复。你可能会非常幸运，单单从野生植物中就可以获得所需的氨基酸组合。

维生素、矿物质和纤维

其他一些基本营养物质虽然不是求生饮食的首要考虑因素，但是对我们的总体健康依然有着关键作用。这些基本营养物质有维生素和矿物质，还有纤维，它们通常储藏在各种植物性食物当中。

人体内许多功能都需要维生素的支持。一些维生素可以储存在体内，而其他一些则需要我们尽可能的从食物中获得，否则长期缺乏维生素会导致种种疾病，如坏血病、佝偻病以及视力下降。烹煮的时间过长会破坏维生素，因此，处理富含维生素的食物通常采用蒸的方法，以便从中获得最多的营养。维生素既存在于水果、蔬菜、菌类和谷类中，也存在于器官肉类和鱼油中。

矿物质通常可以在蔬菜、菌类、谷类、水果和坚果中找到，它们对保持牙齿和骨骼的坚固性具有极其重要的作用，它可以从我们吃的食物中产生能量，帮助维护肌肉机能……事实上，几乎每一个人体机能都牵扯某种矿物质。接下来，我们讲讲纤维！

纤维只能在植物性食物中找到，它具有重要作用，可以使其他食物和排泄物更容易地通过肠子。而在求生饮食中，纤维往往会在植物根系和野生种子等淀粉类食物中找到。

实际上，我们维持健康所需的维生素、矿物质和纤维量非常少，而且许多维生素和矿物质还可以在一些动物制品中获得。因此，只要我们采集到许多不同的资源，而且并不仅仅是那些轻易获得的食物，或是我们最为熟悉的食物，那么就可以充分保证身体正常运转。无可否认，获得均衡多样的饮食完全依赖于季节变换，但是我们知道以狩猎和采摘为生的人终年都可以存活并繁衍，因此，自然界中一定存在正确的食物和营养物质，你要做的是学会去哪里寻找这些东西。在自然界中，从哪里可以找到上述食物群和营养物质，此类知识会让你事半功倍。

最佳选择是什么？

如果你占据了天时地利，可能会有大量野生植物性食物供你食用，这样你就不用到处去捕捉猎物。有时，你的资源充沛，可以变化着花样吃饱。然而，如果你依赖野生食物来维持生命，那么你必须安排好优先顺序，并将热量因素考虑在内。谨记：即使是免费食物也要付出代价，你必须考虑采摘并处理某些植物需要花费的能量。这些能量必须与食物可能提供的能量相抵消。

人们通常非常关注森林中的野生绿叶蔬菜、药草和菌类，这其实是在挑选美味，而并非能量含量。秋天的榛子和蘑菇是两个截然不同的示例。美丽神秘的蘑菇破土而出，富含营养，每 100g 约含 25kcal。而在同一时节，同等重量的榛子却可以提供 600kcal 的能量，虽然它们的外表很普通，但对人体来说却是更为健康的食物，这是因为它们的脂肪含量非常高，而菌类所含的大多是水分、维生素和矿物质。因此，我们当然会考虑将榛子作为食物。

根茎

植物通常将所有淀粉类碳水化合物储存在其根茎当中，有些植物的根系非常发达，往往可以提供一个功能健全的热量返回系统。收割根茎的最佳时机一般在其生长期的末期，即夏末秋初。如果植物上长出一根很高的开花枝条，你可以摘一些还未开花的样本，这样它们储存的能量就可以保持完好无损。一些根茎需要使劲挖掘，因此，你会需要做一根挖掘棒。如果根茎生长在硬土中，要用挖掘棒挖去根系周围的土，直到可以将其完全拔出来。如果你试着将根茎撬出来，也许只能得到半个根茎作为午餐。另一方面，生长在土壤较软或沙土中的根茎可以直接撬出来。尽可能选择那些土壤较软的地方，这样挖掘工作会比较轻松，并且挖到的根茎比较肥大。

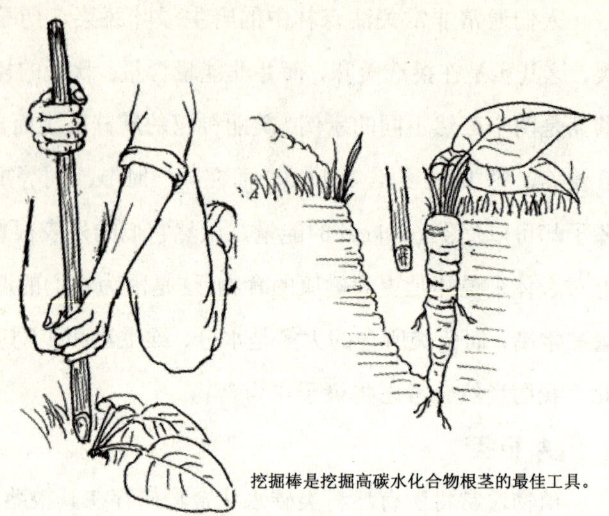

挖掘棒是挖掘高碳水化合物根茎的最佳工具。

图 53　带有淬火凿形尖的坚固挖掘棒

在我的印象中，一根牛蒡根茎的大小相当于一个巨大的胡萝卜，但是我经常会找到比之长 3 倍的巨大牛蒡根茎。一些根茎，如：大香蒲的淀粉类根茎，终年都可以找到，体积很大，并且可以从池塘的软泥中拔出来，无需挖土。这是一个小投入高回报的最佳示例！其他带有可食的淀粉类根茎的植物非常小，看起来似乎微不足道，但是如果发现它们生长在合适的土壤条件中，只需用挖掘棒的尖端在根茎周围挖，就可以采集到大量根茎，然后将它们放在火边烹饪。又是一个小投入高回报的示例。这里，银叶花属和白屈菜都是很好的例子。

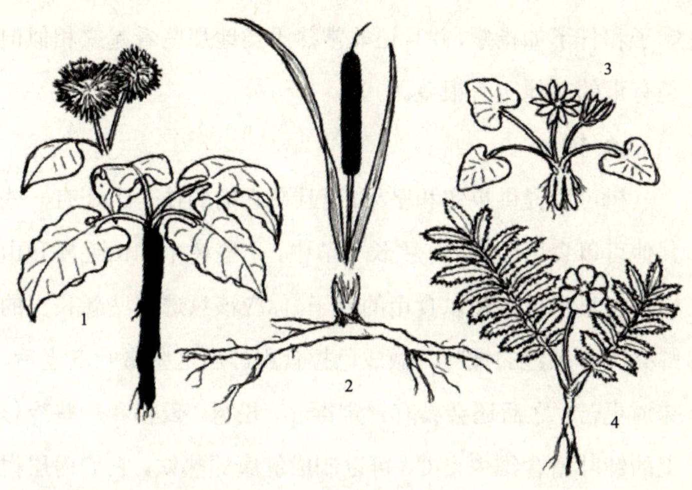

1. 牛蒡——长的开花枝条长出前收获；

2. 香蒲——终年都可以在池塘和溪水边轻松找到；

3. 白屈菜——烹饪前根茎是有毒的，切勿食用叶子；

4. 银叶花属——根茎小，但是在合适的地方却可以采摘到大量根茎

图 54　四种根系发达的植物

根茎需要经过烹饪才能产生淀粉。较大的根茎往往有一层很硬的木本外壳。首先要将外壳煮软，然后才能将根茎切成片，再像炸薯条一样进行炸烤。外壳也可以用来做防护敷层，这样就可以直接在灰烬上烹饪根茎。其他一些根茎只有经过烹饪才能食用，生的时候都被归类为有毒植物。而这类植物的叶子和其他部分一般同样含有毒素。

如果你知道在哪里可以找到根茎，即使过了产季，你也

可以找到，但这样做要冒一定的风险，除非你对植物的根茎、叶子和秆了如指掌，并且还非常熟悉当地那些看起来相似但是有毒的其他所有根茎。

树

树可以提供果实和坚果，而且在它们的枝干上还有一些其他可以食用的资源。生长季节中，一些树木如山毛榉和山楂树会早早生出可以食用的叶子。你应该只选那些新长出的鲜亮、翠绿色的嫩叶，做成色拉食用。当这些嫩叶变老后，味道更苦，之后还会具有一定毒性。松树、云杉和一些冷杉上的针叶富含维生素 C，可以制成健康的热饮。它们内层树皮也可食用，但是要经过一些加工处理：必须先刮掉外层树皮，然后才能露出内层，收集后既可以炸烤，也可以先煮后烤。接下来，那些晾干的脆性树皮必须碾成粉末，然后用灰火焙制成饼。千万不要将这些可以食用的针叶树与毒性极强的紫杉木混淆。

春季，白桦树、无花果树和枫树可以为我们提供微微发甜的糖浆，这种糖浆既可以直接食用，也可以熬成糖。如果你决定熬糖，要密切注意锅中的糖浆，即使长时间什么都不会发生，但当你感到厌烦并将注意力转移到他处的时候，糖浆会立刻蒸发掉，此时，你等待多时的宝贵糖浆就会烧焦在锅底！

1. 白桦树（下面是叶子和柔荑花序详图）——在春季产出糖浆；
2. 松树（下面是松果和针叶详图）——可食用的针叶和内层树皮；
3. 巨冷杉（右面是针叶和球果详图）——富含维生素 C 的可食用针叶和内层树皮；是遮蔽所屋顶和胶水的绝佳原材料；
4. 糖枫（右面是带翼种子和树叶详图）——在春季产出糖浆。煮去水分，制成糖汁，如果你足够谨慎，最后可以得到糖

图 55　可食用的树木

坚果

坚果的营养价值极高，但是季节性很强。在一年当中的合适时节，如果你将坚果列入餐谱，那你就不用准备其他食物了。一些坚果可以生吃；另一些需要依靠焙烤才会更容易被人体消化；还有一些如橡子，需要放在流水中过滤上几天才能去除单宁酸，坚果中的这种酸会导致其苦味太重而难以下咽。对于坚果而言，加工处理再耗时、再复杂也是值得的。因为我们很轻松就可以获得大量坚果，并且它们存满了高热

量的脂肪，以及各种蛋白质和碳水化合物，并且可以烘干磨成粉末，因此非常便于储存。

1. 榛子（右边是坚果和树叶详图）——坚果中富含脂肪和蛋白质；
2. 山毛榉（右边是坚果和树叶详图）——高能量坚果，但是很小，加热外壳，以便让它们容易裂开；
3. 甜栗（左边是坚果和树叶详图）——外皮多刺，但坚果很大；
4. 橡树（左边是橡子和树叶详图）——橡子很苦，不能食用，滤掉单宁酸，烘干后磨成粉

图 56　可食用的坚果

种子

种子是一种我们从全谷物面包或健康食品店的小袋中略微熟悉的植物性食物，但很少有人将它们加工成粉末。种子可以在野外找到，是很好的碳水化合物来源，但是需要大量采集，并且需要经过非常全面的处理。它们通常出

现在夏末，因此，你必须真正全面了解一种植物才能在合适的时节采摘。种子采到后，需要进行分选，从而将它们与微小的外皮分离（将外皮轻轻地吹掉）。这样我们的消化系统才能吸收其精华，因此，要仔细焙烤，然后碾成粉末——这并不是一件容易的事情，因为它们往往比我们熟知的种子要小得多。

1. 垂花苔——好种子，但要在夏末恰当的时间采集；

2. 白花藜——一般在年底才能找到，营养价值极高。同时，它的叶子含有丰富的铁和蛋白质；

3 和 4. 两种车前草——长叶车前草和大叶车前草——两者的种子很少，长在鼠尾茎上（大叶车前草上的较长）。当你在夏末时节看到它们时，只需用手将其剥下来。大叶车前草有时候可以在大片空地上找到许多，看起来就像被踩过一样；

5. 用两块岩石碾磨微小的种子，然后再加水，做成一个简单的小面包干

图 57　可食用的种子和碾磨方法

如果你有办法获得很多种子，那么这一过程将非常有价值。我曾经步行穿过一片茂盛潮湿的林地，在众多的垂花苔丛中穿行，步履维艰。到达营地后，我发现自己的两个裤袋在不知不觉中已经装满了熟透的种子。

绿叶蔬菜

绿叶蔬菜覆盖的范围很广，对于野外生存者而言具有很高的价值，但其热量却未必很高。从极具营养价值的荨麻到香味怡人但微小多毛的野荠菜，绿叶蔬菜为我们提供充足的纤维、维生素和矿物质。荨麻和类似的菠菜状植物还可以提供合理比例的蛋白质。虽然它们的生长旺季是在仲夏前期，但我们还是常年都可以看到。这些蔬菜可以炖汤，但只能在最后一刻放入，以免破坏了它们宝贵的营养物质。在正确的时节，一些绿叶蔬菜会产出高碳水化合物根茎，以及可以食用的种子，从而为我们提供了一个具有很高营养价值的组合。

那些体形较小的生菜植物，其向阳面富含维生素和矿物质，此类植物也是珍贵的调味品，可以将土腥味转化为我们真正想要的味道。为了储存营养，这些蔬菜都可以生吃，但是必须首先用经过杀毒的水清洗干净。药用蒜芥是我的最爱之一，它是春季第一个出现的植物之一，并且在秋末会再次闪现。

和其他事物一样，凡事都有正反面。我们应当格外注意伞形植物属，它包含许多样子非常相似的植物，一些极其美味，而另一些入口即可令人丧命！

1. 药用蒜芥——春季尝起来有点大蒜和芥末味的叶片；
2. 多毛的野荠菜——带辛辣味，常年都可以找到；
3. 酢浆草——味道冲鼻，但是每天的食用量切勿超过一把；
4. 带刺的荨麻——带上手套将刺剥去，或是在火焰上燎一下。类似于菠菜的叶片富含铁和蛋白质

图 58　享用绿叶蔬菜

水果

水果的大小形状各异，但是往往会在同一时间段成熟：夏末至秋天。它们为我们提供丰富的含糖碳水化合物，含有大量维生素，例如蔷薇果，就是维生素 C 含量最多的植物之一。当然，这些水果也可以在冬季找到。虽然水果都

有特定的成熟期，但是它们可以很好地储存下来，先捣成浆，过滤后铺平，然后让其慢慢地风干，从而制成果泥干，水分完全蒸发后，就可以存放好长时间。以浓缩方式存储水果，里面重要的糖类和许多维生素可以以浓缩的形式完整地被保存下来。

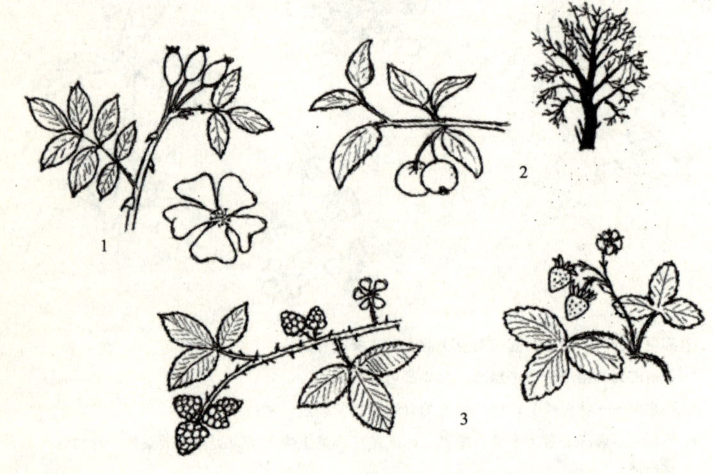

1. 带蔷薇果的犬蔷薇（右边是花朵详图）——秋末或冬季中的鲜红色水果。除去中间令人发痒的茸毛，或者将其捣成将并压成糖浆；
2. 酸苹果树（左边是水果和叶子详图）——加热从而减轻酸味；
3. 结着黑莓的树莓——在初夏可以轻易找到，很小但是极其可口

图 59　野果

并不是所有水果都可以从树上摘下来吃。一些水果味道极苦，或者尝起来有刺激性，煮熟后才能吃，而其

他水果有许多果仁，里面含有氰化物，无论你吃多少，都必须事先将这些氰化物去除，这样才可以安全食用。野苹果刚摘下来的时候勉强可以吃，但是当我们用棍将其刺穿，并在火堆上烘烤时，它们便开始变成焦糖，成为美味的布丁。

但需要提醒的是：野外会有一些颜色非常丰富，看起来令人垂涎三尺的草莓，如果你摘错了，会有生命危险。因此，一定要进行彻底调查。

海藻

这是一种很容易被忽视的食物，如果你碰巧在海边，那么它当然可以列入你的食谱。海藻很容易采集，并且在寻找帽贝和田螺时就可以采集到许多。每天的潮起潮落都会为你提供清洁的饮水。这些海藻很难对人体造成毒害，因为真正具有毒性的海藻并没有几种，而且那些也只是属于不能食用的种类。海藻当中含有大量的维生素和矿物质，此外还有一些符合健康比例的蛋白质和许多碳水化合物。海藻可以晒干后储存，并且可以加进大多数膳食中，从而提高热量含量并增加食物的浓稠度。

菌类

野生蘑菇和菌类的成分大多是水分，因此，单位重量中所含热量并不高，但是它们极其美味，可以改善伙食。它们似乎总是让采摘者迷惑，因为它们的秉性让人琢磨不透，偶尔会在极短的时间内呈现出艳丽的色彩。虽然有些菌类终年生长，还有一些喜好春季，但像水果和坚果一样，大多数优良真菌都具有季节性，一般是从仲夏持续到初冬。它们可以完全变干，并且保留住营养和香味，放入炖汤后，这些营养和香味会自然释放出来。

然而，处理真菌的时候一定要格外小心，因为真菌中含有一些对人体有巨毒的物质，并且有些会夺取人的性命。对真菌持一定的恐惧心理是一种明智的选择，因为有些菌类并不会给你第二次机会；一旦你认识了它们，并且知道它们的致命性非同一般，你就会想它们是如何突破那些小小的电丝网，每个春季都出现在人类谨小慎微的世界中。

用菌类做饭时，事先必须进行适当的实习培训，并且必须花费相等的时间去认识毒菌和食用菌。因为有些菌类的相似程度令人难以置信。初学者最好的选择是忽略所有带褶的菌类，即使它们看起来很像你在商店里购买的那些，同时将重点放在牛肝菌属和一些檐状的食用菇上，这些菌类中很少会有你不该吃的东西，并且它们的味道鲜美，外形最容易辨认。

1. 毒伞属——包含剧毒和容易混淆的真菌。避开所有菌伞（这是我们熟悉的栽植蘑菇的典型自行车轮辐外表）下长着菌褶的菌类，除非你训练有素并且非常确定菌类的身份。如果你并不确定，千万不要冒风险，那样得不偿失；

2. 鸡枞菌——黄色的檐状菌，看起来像聚苯乙烯泡沫塑料，里面的纹理像鸡肉。这是一种美味的食用菌，但是它可能会长在一个有毒的宿主（如：紫衫）上；

3. 牛肝菌——菌伞下长有海绵状的菌孔，它们替代了菌伞。只要完全避开那些红色部位，这种菌类会是业余采摘者比较安全的选择；

4. 马勃菌，普通马勃——这也是业余采摘者惯用的选择，但是必须要查看它们是否是真的马勃菌：内包皮纯白，并且内部没有成形的嫩菌

图 60　一些真菌

寻找野生植物性食物的策略

本章的目的并不是要列出地球上每种食用植物的综合指导，而是要介绍如何觅食、野生植物的价值以及利用野生植物作为食物的现状。世界上的植物数以万计，每一种都有自己的故事。环境都拥有各自的碳水化合物、植物蛋白质或

是美食来源。不同国家生长的相同植物往往具有当地特有的俗称，同时与这些植物相关的食用方法都是植物生长地所特有的。同一种植物在其他地方可能会有其他叫法和用法。起初，这会让我们感到很困惑，但是它却让我们洞悉到，不同的人是如何将此植物融入日常生活中，并且帮助我们意识到以前没有充分发掘的诸多价值。将野生植物作为食物是一个非常具吸引力的主题，其实应该自成一书。幸运的是，那些比我在学校待更长时间的人也有同样的认识，他们已经写了许多这方面的书籍。这些人将他们的一生都贡献给了这一主题，你应当听一听他们的说法。

我的建议是购买或借上三本有关该地区植物的不同书籍，其中至少有两本附带精美的图片。这样，当你第一次认识一种植物时就可以进行有效对照。要习惯使用它们的植物学名，因为这些名称往往都是世界通用，而俗名会产生困惑。你不要期望在一夜之间学会一切东西，能够在一段时间内获得点点滴滴的知识也是一件令人满足的事情。充分理解这些知识。如果你明确辨别出一种植物，并且从书中就可以知道如何将其作为食物或设备，那么就应该尽一切努力充分利用或食用。这样，它就可以牢牢嵌入你的记忆当中，无论你身处世界的任何一个地方，下列几点都应成为觅食行动的基础。

安全、合理和负责的觅食

- 在训练中，学习植物应安排好优先次序，这样付出的努力才会得到很好的回报。
- 除此之外，应熟悉了解那些常年都可收获的植物。
- 学习那些能够表明存在过了产季的植物的迹象，如枯茎和果皮。这些将会帮助你第一时间看到不久会出现的植物，并且会暗示你休眠的根茎也许还在那里。
- 始终确保能够正确地辨别植物。如果你心存疑虑，千万不要冒风险。援引三种或更多的指南不断进行参照，还是多多谨慎不出错为好。尤其是对于菌类，食用的时候更要谨慎：勿食那些尚未成熟或看似蔫蔫的菌类；千万不要吃那些带菌褶的菌类，直到你非常了解它；绝不吃那些自己叫不上名字的菌类。
- 研究有毒植物的时间应该和学习食用植物的时间相同，从而避免混淆外表相似的植物。
- 如果你想明确某种植物的身份，应确保所有部分：叶子、根茎、花朵，一切组成都完好无损，这样你才能完全确定。
- 不要忘了查看植物或蘑菇生长的环境类型或时节，并将其作为一个重要的辨别特征。

❖ 一旦你明确辨别了一种植物，应记录其在生命周期每个阶段中的外貌特征，从而避免将其他植物与处于生长期的此类植物混淆。

❖ 不要忘了，野生食物和我们在超市里购买的食物一样，都会以不同的方式对人类产生不同的影响。那些被普遍归类为大众型的食物可能会使另一些人产生过敏反应。如果你第一次尝试某种食物，则应少量尝试，比如仅仅是揉一下表皮，然后靠近嘴唇，看是否会起反应。15min 后就可以咬上一小块放入嘴中，然后嚼碎再吐出来。每一步骤之间应预留尽可能多的时间，以便在吃下少量并等待是否会出现明显的过敏反应之前，症状就表现出来。这也是一些指导师推荐的用于鉴别未知植物可食性的测试方法，吐出小块后的等待时间建议为 5～8min。即使如此，一些有毒的植物需要经过更长的时间才能显示出任何症状，而其他植物可能会在你消化了很小一块后就产生严重危害，因此，最好的方法是不断学习什么是好的，什么不是可食的，并将这种测试作为双保险手段，以便知道你是否对某种已知的植物过敏。

❖ 采摘那些长在某种已知有毒植物附近的任何植物都要格外小心——它们不值得你冒混淆的风险。同样，要提防那些长在食用性植物丛中的看似有毒的入侵者。过去，我就曾发现食用山楂果中长着一些有毒的金银花果，黑莓当中长着剧毒的颠茄。

❖ 当心不要用尽某个地方的一种资源。始终确保你可以留下可观的数量进行再繁殖，这样第二年还会找到。同时，你应当牢记我们并不是唯一一种在寻找食物的生物，因为，松鼠们可不会去逛超市！

❖ 在你训练过程中或为了乐趣觅食时，应当密切查看食物采集的地方。靠近公路生长的植物会受到一定程度的污染。公园中的植物也一样（寻找那些位于大丹狗撒尿高度以上的植物，这样你才能放心）。如果你在寻找水生植物，应查看其生长的水域环境——是否可能受到附近居民或工厂的污染？警惕农田中使用的所有杀虫剂，对于蘑菇而言，要密切查看宿主。比如鸡枞菌是一种鲜艳美味的多孔菌，有时却会从剧毒的紫杉树上长出来。

❖ 最后也是非常重要的一点是：如果没有陷入真正的求生困境，你必须事先得到土地拥有人的允许方能采摘任何野生资源，尤其是当你要挖植物根茎食用的时候。

第七章

野味

围捕和狩猎

求生饮食的现实是，野味会比野生植物为我们补充更多的热量，继而是能量。同时，它也是许多副产品的宝贵来源，这些副产品对野外生存至关重要。

野味的价值

任何饮食都需要一定量的蛋白质，它有助于肌肉的生长、修复并使其变得更加结实。同时，它对细胞修复和胃中的食物消化都具有重要的作用，当其他储存的资源消耗殆尽时，它可以提供能量。我们体内只储存了一定量的蛋白质，当这些蛋白质被人体消耗用于提供能量时，人体就会出现蛋白质缺乏症状：头发和皮肤受损；随着身体逐渐消耗所储存的蛋白质，肌肉组织丧失而又无法更新；同时我们会慢慢脱水。因此，我们的食物中必须添加些蛋白质。

蛋白质

完整的蛋白质主要可以在红白肉、鱼肉和鸡蛋中找到，而在其他动物产品，如牛奶和奶酪以及某些植物中可以找到不完整的形态。正如前一章所讨论的一样，坚果富含蛋白质，而种子、谷类、豆类和菌类含有的蛋白质较少，但是，你需要采取一种混搭策略来摄取所需的氨基酸。完整的蛋白质中含有人体所需的所有氨基酸。因为在野外的时候，无论是否面临求生困境，都需要进行一些繁重的体力劳动，在一个地区，每千克体重每天应摄取 1 克的完整蛋白质，以便帮助你保持健康，修复肌肉。对于大多数人而言，这相当于两块鸡脯肉（如果你身形魁梧，那就再加一个鸡腿）。

生存在当今社会的人类很幸运，即使离开肉和动物产品也能存活，但是，我们在野外并不能总是轻松地找到植物蛋白质的替代品，因为它们具有季节性或是针对于某个气候。动物、鸟类和鱼类——甚至是昆虫——都会为我们提供最佳形式的蛋白质，除此之外，它们还会提供一些副产品，这些副产品对野外生存者或任何一个希望从野外资源中获得健康的人而言都是极其宝贵的。温暖的毛皮可用于做衣服、建造遮蔽所和铺床，羽毛可用于制作装备和鞋子，结实的绳索、骨头和鹿角可制成工具、强力胶，最重要的是还可提供脂肪。

脂肪

动物脂肪含有双倍于碳水化合物和蛋白质所能提供的热量。这些热量比蛋白质更容易被人体调用来提供能量。它们可以储存在人体中，以便提供缓慢释放的能量，保证我们体内的供热系统充满能量，同时帮助我们的关节、活动部位和消化道正常工作。如果你必须依赖脂肪和蛋白质作为主能源，那么你应当保持较多的饮水量，因为脂肪和蛋白质需要许多水进行有效分解才能有用。在我们体外，脂肪可以作为一种紧急食物资源无限存储，同时还可以为取暖和照明提供燃料。在极冷的气候当中，或进行适当的屋外工作时，还是忘了减肥吧！脂肪很重要！

杀生取食

虽然动物是我们在野外最佳的蛋白质和脂肪来源，但对不熟悉杀生的人来说，这种想法会非常恐怖并且使人厌恶。在我们现代的世界当中，即使是那些喜欢经常吃肉的人，也完全不清楚肉的来源。将猪排放入餐盘所需的过程令人恶心。宰杀动物仅仅是为了供我们食用，这不再是我们生活中的一部分。

像大多数人一样，我并不是在农场中长大成人的，更不是由狼抚养长大的，因此，除了在20世纪70年代野生动物纪录片看到的一些镜头外，我并没有从很小的时候就去经历生命的自然轮回，天天要面对死亡。然而，随着我对野外求生技术和野外生存的兴趣越来越浓，在野外实现完全的自给自足，必须要利用其他生命来做资源，这是一件显而易见的事情——我想这就是逆来顺受。我将之视为自然拼图中必不可少的重要组成部分，并觉得我需要加入其中，正如你只有首先正视恐高，方能成为一个真正的登山者一样。

那些对吃肉、狩猎和设陷阱持有异议的人似乎认为这些没有必要，而且非常残忍。然而，你会发现很难再找到什么人会比猎人更加了解野生动物的生活习性，会比他们更加尊重和钦佩这些生命。以我个人和认识的其他人的经验来说，每次狩猎和设陷阱得到的食物往往都伴随着罪恶感和对生命陨落的无限伤感。在我看来，整个过程要求具备坚韧不拔的精神，而且我也永远不会习惯于这种夺取其他生命的生活。说实话，我永远不想这么做，因为我们担负着巨大的责任感，就会思考如何在过程、原因、时间和地点这些要素上进行抉择，而不是草率地、不负责地对这些重要的生命采取行动。

容易到手的肉

身处求生困境，你必须动用一些横向思维去思考所有任务以及每日的能量消耗。简单地说，如果你有一个更容易的选择，就立刻采取！搜索，然后捕杀动物来作为食物会消耗大量的时间和体力，因此，你应当想想那些不会四处跑动的蛋白质提供者。无论怎样，它们不会像动物那样快速逃窜！

蠕动的爬虫

即使是对于獾这些庞大的哺乳类动物，这种不起眼的蠕虫也是一个不费吹灰之力就可以轻松获得的蛋白质来源，如果你在途中碰到它们，当然不容错过。它们体内含有很多蛋白质，只需要将其收集起来，放在容器中净化一晚上。经过一夜的隔离和挤压，去除蠕虫身上的泥土后，就可以将它们放在一块滚烫的石头上煎烤。将它们全部吃掉，尝起来味道很像熏肉皮，而对于那些嘴巴比较挑剔的人来说，可以将它们简单地碾碎制成高蛋白粉，加入炖汤中。

蜗牛在世界各地都在被人们食用，但是必须要仔细挤压，去除它们吞下的所有可能有毒的植物残余。一般要挤压至少 3 天，期间可以喂它们一些绿色植物，你要确保这些绿色植物是安全的，因为在吃蜗牛前你已经忍受了一夜的饥饿。如果没有烹饪锅，可以将它们倒置在灰烬中利用它们的外壳烹饪。

然而，要避开一些蠕动的爬虫。在我的印象中，几乎每个致命的真菌上都有一只鼻涕虫在啃咬菌肉，众所周知，这些鼻涕虫会吸收这些毒素，因此，我绝不会用鼻涕虫来充饥。同时还要避开毛毛虫，因为大多数毛毛虫都有毒，接触时会刺激皮肤并且味道很苦。蚂蚁虽然很小，但是却可以生产大量的食用幼虫，你可以小心地从其严密守卫的蚁冢中挖出大量的幼虫。蚂蚁本身也可以供人食用，只要将它们经过适当的加工去除体内的蚁酸。在林中的每个原木下面都可以找到木虱，它们经过煎炸，尝起来味道很像基围虾。

蛋类

采摘任何野鸟蛋都严重违法，只有在真正面临求生困境时，才能选择这么做。然而，如果你急需食物，并且很幸运地找到了一些野鸟蛋，接下来的事情就是饱餐一顿了，因为这些野鸟蛋中含有完整的蛋白质和优质的脂肪，完全可以补偿你所耗费的能量。

小型爬虫动物和两栖动物

由于这些动物通常比蠕虫和蜗牛跑得快，当你在进行日常活动时，很有可能会碰到它们。爬虫在清晨行动有些迟缓，处于半休眠状态，在其腿部和尾巴中含有丰富的白肉。我觉得它们尝起来有些像鱼肉，而不是谣言中的鸡肉。不言而喻，有些蛇和蜥蜴都含有致命的剧毒，因此，只有当你别无选择，并且清楚自己是在和一个杀手进行较量，它们方能成为食物的来源。任何有毒或敏捷的生物都不会是本书中轻易可以获得的肉类。

当你割下蛇头后（用一根杈棍将蛇叉住，然后猛击，接下来将蛇头砍掉，这是结束生命的最好办法），蛇身还会扭动很长时间，你必须事先为此做好准备。砍掉蛇头、剥下蛇皮、掏出内脏后，蛇身仍然不会保持静止，当你用手碰它时还会扭动，并且会持续很长时间，与此同时，我也经历了一个自我发现之旅。至今，那条蛇的尸体仍然萦绕在我的睡梦当中。

蟾蜍大多有毒，致命的原因不在于被它们咬过的伤口，而是其皮肤腺，因此要远离这些蟾蜍。青蛙向来是法国人的最爱，它们是比较好的选择，因为四肢的肉质很好，但是，一些热带蛙蛙眼后的皮肤下长有剧毒的腺体，当地的猎人常用它们来做毒箭。显然，如果将皮剥掉并洗干净，这些热带蛙也可以吃，但是我从来没有尝试过，因此并不推荐这种做法，而且只有在饥肠辘辘的情况下才会试着吃点儿。

海边容易到手的肉

虽然每条海岸线上都充满了各种食用肉，但是一些肉类的采集往往需要更多的努力。当你在沙滩上仔细寻找那些看起来非常明显的蛋白质提供者时，几乎不必进行多少捕杀活动，仅仅是收集就够了。你可能非常幸运地在岩石池中发现一只蜷缩的螃蟹或一条鱼，但是，大多数情况下即使是这些动物也要用一个带诱饵的陷阱或网进行捕捞。一些蛤蚌要进行潜水才能找到，因此，它不能被归为容易到手的肉类当中，但是你如果知道从哪里可以找到这些小东西，那么便可以较为轻松地捕捞到。退潮后的岩滩是最为多产的地方，等待着你去发掘，但是要始终查看是否存在任何潜在的污染，如附近的居所、工业活动、港口甚至是沉船。

如果是为了享受捕捞乐趣，你应花些时间去查看当地季节性灾害的相关信息，如赤潮（并不是康纳利饰演的电影中的那样）——一种在一年的某个时间比较普遍的海藻，它会使食用贝类变成剧毒生物。

身处求生困境，也要注意这些问题，并且要经常研究一下所处的任何地区，这样一旦出现问题，就可以帮助你掌握事态的主动权。现在我已经告诉你们要这样做，因此，你们就没有任何借口偷懒了。最后，如果你想寻找退潮的标志，必须在涨潮的时候密切观察同一海滩的所有一切，这样，如果潮水汹涌而来，你就可以选择正确的路线逃生，否则，捕捞肉食就会变为求生之战。绕开那些将高耸的悬崖峭壁作为唯一出路的浅湾。

贻贝和蛤蚌

这两种贝类都属于双壳类或滤食动物。在过滤过程中，它们会吸收水中重要的营养物质，但是水中的化学物质和污染物也会以同样的方式进入它们体内，凝聚在它们的肉上。因此，如果可能的话，你必须从干净的水源中捕捞。贻贝会静静地待在岩石群中等待你去收集。如果它们很健康，当你轻轻地敲打它时贝壳就会立刻合起来，死贻贝都要丢掉。而烹饪时，它们的贝壳会再次张开，这次要丢掉那些贝壳没有打开的贻贝。我从经验中总结出一条警告：烹饪贻贝前，一定要花些时间刮掉上面的藤壶。有一次，我懒得这样做，直接将炖好的贻贝吃了，不料在接下来的24个小时中痛苦难耐。

蛤蚌需要进行一些捕捞作业，但并不多。如果你在退潮的沙滩上寻找猎物，你可能会看到一些突起的小洞慢慢在沙子中消失。这些是味道极美的蛏子的巢穴洞口。要看里面到底有没有蛏子，可以往洞里面喷一些盐水，然后观察等待。它们会立刻从洞里面钻出来，此时你必须用拇指和食指牢牢地抓住露出沙子的蛏壳，一直到它们不再挣扎为止。接着将它们放在清水中净化上几个小时，然后放入灰烬中利用它们的壳体进行烹饪。它们的味道有点像鱿鱼。

帽贝和田螺

在那些没有接受过训练的人看来，帽贝似乎并不是一种可以轻易获得的午餐。它们通常牢牢附着在布满海藻的岩石上，看起来并不像是有生命的样子。然而，如果你悄悄靠近它们（事实上，你必须这样做，否则它们会夹得更紧），然后突然将其拔掉装进水桶。帽贝是食草动物，而并不是滤食动物，因此，不会凝聚太多污染物。你可以将它们倒置在火堆灰烬中连壳一起烹饪。只要挑吃那些橘黄色的肉即可，不要期望它们的肉会像扇贝一样柔软、多汁。它们嚼起来就像橡胶一样，但是非常可口，并且容易采集。

田螺是一种小海螺，往往藏身在岩石潭中。需要将它们连壳一起煮上至少20分钟，然后再用一根薄木片——最原始的田螺挖掘器——将肉挖出来。

围捕和警惕意识

进行有计划的狩猎是一件耗时的活动。即使锁定猎物的位置并将其困住，原始的或现场制作的武器也不大可能进行干净利落的宰杀，尤其是那些大型的猎物，因此，你很有可能需要追踪血迹，从而追杀动物——这个过程会使你筋疲力尽。因此，一名优秀的丛林生存者总会抱着机会主义心态，时刻都在寻找下一顿晚餐。

为了充分利用这些机会，你必须拥有一个正确的心态，像一个猎人那样进行思考和行动。时刻保持警惕并寻找食物并不像听上去的那么费力，但是，它需要逐渐形成一种特定的思维模式，并将之变为第二天性。在野外生存如果脑子里混沌不堪，四处瞎撞，会错失大量机会。我经常会看到一些人，他们不会花时间去融入乡间，只顾着前行，错过了树上的秃鹰和树丛间的鹿。似乎他们总带着有色眼镜，而这种一孔之见正是现代人常具备的。事实上，这一点也不奇怪，因为我们不必手持长矛追着烤鸡在超市中乱跑，也不必担心会在街道拐角处受到饥肠辘辘的食肉动物的袭击。

庆幸的是，这种高度警惕性依然根植于我们的头脑当中，以便在超高压力下发挥作用，同时只要经过一些练习，就会发展成日常生活中的一部分。保持高度警惕在任何环境中都是有益无害的，就像拥有一种内置的预警系统或第六感官。每当我在户外时，总会发现只要自己保持安静并且高度警惕，总能在野生猎物发现前接近它们。如果形势需要，我相信培养这种技能肯定会将肉端上餐桌，但是大多数时间我都是在仔细观察而已。

虽然我们努力在日常生活中更加留心，但是从沿着人行道大步前行转变为穿梭于叶子中间悄悄地进行围捕，这并不是一件容易的事情。大多数猎人和追踪者进入野外环境之后都会花点时间静坐，并将周围的环境分区，记录下每个重要的细节，这样他们就可以全身心地投入到森林的自然环境当中。如果你也花时间去做这些事情，充分利用我们的感觉，你会发现自己开始看到并注意到的东西是如此之多。

感觉

想一想你可以调用的所有感觉——视觉、听觉和嗅觉是主要的感觉（除非你是鼹鼠或蛇，对于它们而言，触觉和嗅觉会发挥重要的作用）。

视觉

为了以猎人的眼光来看待事物，你应该不断训练自己接受所有的可得信息，就像一个全景照片一样。为了做到这一点，你必须对所有东西都做一扫描、聚焦，然后搜索远近、高低，为了达到边界视力的极限，应不断寻找那些不协调、奇形怪状，尤其是运动。当你在静静地观察自己对运动的视觉极限或地平线上的影子时，你必须注意脚下的微小细节，如鸟类的粪便和痕迹。

作为现代人，我们早已习惯按照从左向右的顺序进行阅读，所以也会按照这个顺序进行扫描，立刻将该地的所有细节都呈现在面前。然后越过相同的距离扫描，以此类推，从而将信息分解成交错的片段，就像书籍的每一页一样。光线暗时，你必须用一段时间让自己的眼睛适应周围的环境。即使你一开始就处于漆黑的环境中，眼睛也可以用15～30min进行自我调节。之后，你就会更容易看到各种形状以及一些细节，但是你的眼睛无法以白天的工作方式在夜间聚焦，利用眼角看东西会让你更容易进行区分！一旦眼睛适应了周围的环境，应尽量避免使用任何仿真光线，它会破坏你的夜视，让你回到原点。如果你别无选择，闭一只眼，这样夜视至少还可以保留在一只眼睛中。

听觉

锻炼听觉，这是你亲自进入野外的一个很好的原因。静静地聆听林中不同的声音，你会发现一个全新的世界。除了可以辨识不同生物的报警信号外，发达的听觉还会帮你获得更多关于周围野生动物秘密活动的信息，并且提供给你预警信号，提示你周围正有生物慢慢靠近，只是你还没有看到。野兔咚咚的脚步声或鱼尾的拍水声都会填补视力的局限性，尤其是在夜间，视觉慢慢失去作用而听觉占据了主导地位。夜间应微微张开嘴巴，双手握成杯状，分别贴在两个耳朵上，这样就可以将听力集中在某种神秘的声音上。没有光线的时候，动物往往会发出一些奇怪的声响。我永远也忘不了自己第一次听到雌狐尖叫时吓得浑身发抖的样子，我相信我并不是唯一一个听到母牛发出人一样的嘶吼而吓得钻到地下的人。

嗅觉

嗅觉可能需要花费一些精力，但它的确可以补充其他较发达的感觉。经过加工的味道充斥着我们的鼻孔，遮盖了许多其他味道，以至于需要花费一些时间才能改善这一宝贵的感觉，然而，当我在森林中生活了 5 天后，我发现自己的嗅觉慢慢变得更加敏感。你应当牢记，当你走过散发出味道的物体时，你常常会捕捉到一种特殊的味道，因此，要对自己可能拥有的资源进行区分，从而判断风向。

所有这些感觉都是相互作用、相互补充的，最终将和你以往经验中的知识结合起来。不同的动物喜欢不同的藏身之地，当你对这些了如指掌的时候，任何可能的发热点都会成为你首先下意识检查的对象。将敏锐的意识和对某些动物习性的熟悉完美结合，会帮助你提高捕猎的几率。

然而，要记住一点：我们周围的这些常驻居民，在长期抵御那些比人类更加饥饿、更加狡猾的食肉动物的进化过程中，形成了高度发达的感觉。因此，保持时刻警惕的同时，你必须想办法让猎物的预先警报系统失去作用，而该系统正是你努力模仿的对象。

动物的视觉

大多数被捕食的动物都没有惊人的视觉，许多动物不能辨别颜色，但是它们的听觉和嗅觉却比人类敏锐许多。然而，我们的优势在于拥有较高的智商（我们当中的一些人），从而有机会想方设法不让动物发现我们的存在。只要树荫柔和并且不太明亮，就没有必要一直穿伪装服。当树荫非常黑暗并且和周围的色调相差很大时，你也可以将忍者服放回到衣柜中。明暗对比可以让人体轮廓变得模糊，不容易辨识，这当然要比单色的隐蔽效果好得多。人们一直都在争论：现代迷彩军装上的那些小图案是否像预期的那样有效。从远处看，这些不规则的图案（相互之间靠得很近）会形成一个色块，颜色较周围深，非常醒目。不要像傻瓜一样相信：穿上最新式的数字迷彩将自己武装起来就可以立刻隐形。你应当将更多的注意力放在如何让自己不易被发现的真正的基本要素上。

人类的体形轮廓非常容易辨识，直立时往往比其他生物高。经历过数千年的猎捕后，人类可怕的身影永远留在了动物的心目中，根深蒂固。人体的身后背景，如在晴空的映衬之下轮廓会更加突出，动物瞥一眼就会拔腿就跑。始终在身后进行严密的伪装，如果在较明亮的背景中会显出影子，应慢慢地俯身，使目标变小，有时甚至应爬在地面上，靠近较暗的天然隐蔽物。不要将头伸出浓密的树叶，相反，应透过它们观察周围的动静，或者慢慢地从地平线以上的树叶边缘偷偷张望，因为这个地方不易被察觉。当你选择穿过乡村时，应当充分利用树荫和阴郁的山谷作隐蔽。努力藏在较大物体的影子下，利用其作掩护而不是漫步穿过空旷的地面。

无论衣服颜色和周围环境有多协调，暴露在外的脸和双手会像灯塔一样发出警告信号，让猎物立刻逃窜。可以戴一顶宽檐帽或鸭舌帽将脸部遮起来，双手可以藏在手套中或插在兜里。

在整个潜伏过程中，你可能需要想想如何对脸部以及脸部和肩部之间的轮廓进行有效的伪装。在双手和脸部的发亮部位，如鼻梁、颧骨和额头上涂上木炭或色差很大的泥巴，并在肩部、上肢和头部贴一些树叶，迷彩装就完成了！也可以在帽子上装上绿色的防蚊护头网，这样看上去就没有那么凌乱。手表、带扣和双肩背包上挂着的煎锅等所有反光设备都应隐藏起来。

动物的嗅觉

悄悄地告诉你：你闻起来有味道！每个人都一样。事实上，对于任何嗅觉高度灵敏的野兽而言，我们身上都散发着恶臭。动物的嗅觉是另一种进化的预先警报系统，帮助它们避免成为其他动物或人类的午餐。我们应避免使用芳香型的洗漱用品，同时用动物的粪便或当地的树叶遮盖我们的体味，通过这些方法就可以将恶臭味降至最轻，甚至是那些看起来没有威胁的木材烟雾也很有用。然而，最佳的做法是密切关注风向，避免自己的气味通过风传递给猎物，因此必须确保逆风接近猎物。

动物的听觉

想一想动物都具有的超凡听觉。口袋中的任何声响、衣服的沙沙声或是脚步的咚咚声都会使你在接近猎物前暴露。要养成对路线精挑细选的习惯，避开那些会发出响声的地被植物，行进的时候要小心翼翼，避免踩到枯树枝，因为这些枯树枝被踩踏时会发出清脆的断裂声。近距离猎杀需要具备熟练的技术，声音小或者没有声音。仔细观察猫捉老鼠的一举一动，你就会发现一些宝贵的小窍门（但是你用不着来回扭动屁股）。观察它在每一次试探完后，每一只脚是如何摆放的。你应该照此练习，慢慢地放下一只脚，先是脚后跟或脚尖（这取决于个人的喜好以及地面的覆盖物），感觉地上是否有沙沙作响的树叶或一踩就碎的树枝。既可以小心把它们拨到一边，也可以调整脚的位置，只有当你确信它们不会发出声响时，才能从上面踩过去。一些使用原始狩猎工具的猎人喜欢穿上薄底鞋，从而降低脚步声，尽可能地去接近猎物。

用手小心拨开高处的树叶，以免被勾住。屈身前进接近猎物时，你也会采取四肢着地这种更低的姿势，用指尖触摸是否会有发出声响的地面植物，然后将膝盖移动到手刚刚在的位置。采取低姿匍匐接近猎物时，应爬在地上，利用肘和脚趾逐步向前慢慢移动，悄悄地拨开行进中作响的碎片。

在捕获高度警惕的猎物的过程中，你应该仔细观察它的肢体语言。如果你仅仅在它低头吃草的时候向前移动，那么你可能不那么容易被发现。如果它抬起头环顾四周以确保安全，你必须保持同一姿势一动不动。因为，任何小动作都会引起它的注意。通过这些，我总结了一条非常有效的方法：最好的掩护其实就是待在原地一动不动并保持安静。麈鹿身上的颜色和周围的栖息林地相差很大，快速运动的时候很容易看到，但是它们静止不动的时候几乎完全看不到。这使它们赢得了“林地精灵”的称号，人们都在惊叹：这么明显的庞大体形却可在瞬间从人们的视野中消失得无影无踪。

不要急着出发，打磨钝化的刀具，因为我们在练习这些技巧的时候并没有想过要夺去一个活的生命。用照相机或双筒望远镜代替猎枪，然后就可以享受挑战的乐趣——慢慢接近大自然中的野生动物（当然事先一定要查看当地所有的季节性限令或狩猎法，这样可以避免与任何人交火或者惹恼一只处于发情期的牡鹿）。斑尾林鸽是鸟类中警惕性最高的鸟，起飞时扑翼响动最大，当你接近它们的时候，可以采取狐狸引以为傲的潜行捕猎技巧。

狩猎工具

我们将从最基本、最原始的狩猎工具说起：棍子和石头。

注意：所有这些原始狩猎工具在现代社会都是违法的，除非在求生困境中用于自卫或准备食物。前文中已经提过，世界各地的人们至今还在使用这些工具将野味送上餐桌，非常有用。祖先们使用的这些早期武器具有以下优点：取材容易；制作简单，工作量小；即使遗失在林下灌木丛中也不要紧，因为你可以随手折下一根来代替。正如人类经手的其他东西一样，可以对这些原始工具进行一定的改良使其变得更加有效。

投石器

这是一种用鹿皮或类似的结实材料制成的小口袋，用来投掷鸡蛋大小的鹅卵石。两端系一根细绳，在一端打上死结，另一端打一个环。环的大小合适，可以套在一只手的拇指上，然后用拇指和食指捏住打结的一端。将鹅卵石放入鹿皮口袋，像一个吊带一样悬垂在身体一侧。使用时，将投石器绕着头顶旋转（或在身体一侧抡投石器，进行低姿捕猎）。鹅卵石依靠旋转的速度和力量保持在投掷器的口袋中，当你放开打结的一端，鹅卵石会像导弹一样飞出去，这要比单纯用手臂投掷力量更大，距离更远。抡一圈后松开打结的一端，而不是像直升机起飞时那样依靠不断旋转产生势能，否则你会发现鹅卵石会落在逃跑的猎物身后。正如圣人所言，这些工具极其危险，因此，如果你打算练习，我建议你远离任何人和物体，因为最初的几次尝试往往会将鹅卵石投到其他地方，而没有砸向预期目标。

投掷棒

投掷棒是另一种简单但颇具杀伤力的觅食工具。它可以是一根长约 40cm 的结实棍子，向目标投掷时（一般是一些小动物，如兔子或地面觅食的鸟类），在水平方向快速旋转，从而有效地使其长度加倍。在严密掩护中投掷时，可以采用悬臂投掷的方法，以便更有可能穿过树木击中猎物，虽然这要求狩猎者具有更高的准确性。加重木棍一端，会使这种武器更具有杀伤力，同时，可以在另一端安装一个凿形尖并放在火中硬化，这样便制成了一个多功能投掷或挖掘棒。其他改进包括沿投掷棒刻出一个空气动力翼，这样可以在空地上扔得更快更远。这些都是非常出色的原始狩猎武器，便于携带，随时可以用来进行捕猎；根据我的经验，每种武器投出去后，用不了多久就会有所获。依靠自己的投掷棒，我不止一次获得了轻松的餐食。

流星锤

这种有效的武器结合了投掷器和投掷棒的功能，可以在开阔地上使用。三块或更多的重石头分别包在生牛皮或鹿皮口袋中。在每个袋子上都系上一条结实的绳子，然后将所有绳子的另一端绑起来。使用时，握住中心结（所有绳子的节点）或其中一个加重的袋子，在头顶上方旋转一两圈，然后抛出。当流星锤飞向目标时会慢慢张开，像一种会飞的章鱼罩住一些区域，绕在猎物的腿上、身体上和翅膀上，使它们无法动弹。流星锤仅仅用来捕获而不是猎杀，因此，你需要快速跟上你捉到的猎物并将其杀死。

使用任何不带瞄准器的原始抛射器时，成功的秘诀是拥有出色的手眼协调能力，并且可以不假思索地将手制炮弹准确地击中目标。这种凭借直觉进行的射击需要大量练习才可能实现。然而，你必须完全专注于如何击中目标上，就好像此时此刻，在你生命当中没有比这更重要的事情（动用武力！）。岩石或棍子，即使没有握在手中，也要保留在你的潜意识当中，就像一个延伸的射程或直接指向目标的导弹。

1. 投石器；2. 流星锤；3. 投掷棒

图 61　原始武器

前不久，在一个乡间表演中我观看到一场精彩的神射手表演，给我留下了迄今为止最为深刻的印象：一个头戴粗呢鸭舌帽，身穿破旧的上蜡短风衣的老头用弹弓将钢珠连发射出 30m

的射程距离，他简单瞄准了一下，然后就开始发射，然而，每一发都击中目标，穿过纸靶，在上面留下了一连串的小孔，如果我用步枪可以取得这样的成绩，我会引以为豪！而这必定是经过一生的练习并凭借对武器相当熟悉才能做到的。那天他一定会满载而归，每个口袋中都是满满的便宜毛绒玩具。

尖棍

将木棍一端削尖就可以制成一个粗糙的长矛。将矛尖用火烤一下，使其迅速干燥，这样就做成了一个较硬、更加持久耐用的矛头。这样快速制作的原始长矛可用于在近距离的伏击位置刺杀大型猎物。进一步的改进包括：用粗砂岩在骨骼或鹿角上磨出尖。最坚硬、最锋利的狩猎尖向来都是从燧石、黑曜石或构造类似于玻璃的石头上敲下来的，用潮湿的生牛皮条将它们绑在枪杆上，生牛皮变干后会缩水，从而将尖头牢牢固定。

虽然你详细了解当地动物的取食习惯，但是在生存的环境中不会总能遇见，因此可以使用诱饵将猎物吸引到你选好的伏击位置，这样就可以进行成功的伏击。

梭镖投射器

和猎物保持一定距离或是近距离伏击不能实现时，可以使用飞矛。这种武器比长矛更轻、更加灵活，与掷矛杆或梭镖配合使用时，效果更好。梭镖投射器是一种令人称奇的原始技术，据说人类早在 30 000 多年前就开始使用它。在结构更加复杂、小巧的弓出现并占据致命武器的统治地位之前，梭镖投射器一直是数千年来杀伤力最强的武器。至今，澳大利亚和南非的一些狩猎者仍在使用这种武器。

它的结构非常简单，包括一个下臂长短的木板，一端作手柄，另一端有一个小的突起，用来连接飞矛或标杆底座。这个突起可以集中猎人发射标杆的所有力量，既可以在木板上雕出一段，也可以用肌腱和松脂将枝条或一段骨头、鹿角或硬木绑在标杆底座。一只手握住梭镖投掷器，标杆位于上方。用拇指和食指夹住标杆，将梭镖投掷器上的突出枝条插入标杆的尾端。

标杆通常是由一根长1～2.5m、手指粗细的直木杆制成。利用火对标尖进行锐化和硬化，或者将骨头、石头或鹿角制成标尖，然后绑在标杆前端的凹口中。如果用树苗做梭镖投掷器，必须将较粗的一端放在前面，因为矛头一端较重，标杆飞行时就不会像航天飞机一样头部会轻易翘起。如果要用嫩树枝做标杆，先将任意一个弯曲部位放在火焰上烘烤，直到其可以轻易弯曲（并不是烧焦），然后戴上手套（因为标杆会很烫）将弯曲部位矫正到正确位置，直到树枝再次冷却。在整个过程中要持续这一操作，不断检查整个标杆，看是否还有弯曲的地方，直到将其尽可能地掰直。在标杆尾部安上类似于箭羽的镖尾，可以提高标杆的准确度，并且能在标杆飞行的过程中起到平衡作用，用肌腱将两根羽毛绑在标杆尾部的两侧就可以做成镖尾。标杆制作好后，看起来非常像一根超大的箭。

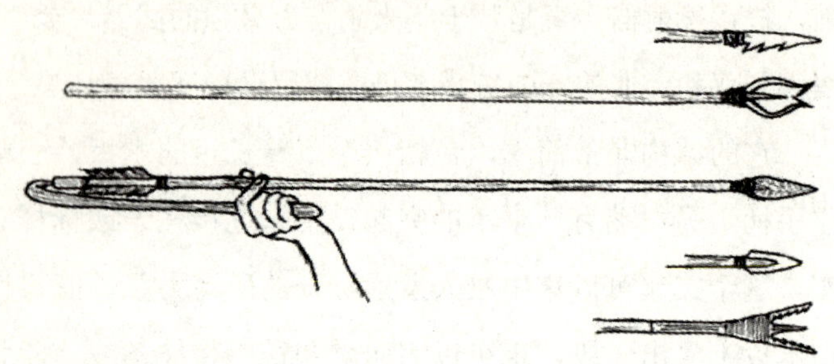

中：梭镖投掷器（掷矛杆），上面安装着轻质的配套标杆，等待发射。牢牢地握住梭镖投掷器，拇指和食指紧夹住标杆。投标时，松开拇指和食指就可以将标杆发射出去！标杆上镶有羽毛，标尖是用燧火石制成，用生牛皮带绑在标杆合适的位置上。图中还列出了许多不同的镖头。

从上至下：鹿角镖头用来捕鱼和猎杀两栖类动物；鱼叉用来叉鱼，并可以将鱼牢牢地夹起来；经过雕琢打磨的骨制矛头；和鱼叉工作原理相同的三齿鱼叉（介于三齿戟和鱼叉之间）。

图 62　原始的矛头和梭镖投掷器

投掷时，单手举起标杆，像掷标枪或网球发球一样扔出标杆。加上一个梭镖投掷器后，臂展的长度增加，将所有投掷力和杠杆作用都转移到标杆的尾部。放慢动作，我们就可以发现标杆尾端的力使标杆向后收缩，然后依靠动能突然从梭镖发射器中弹出。这是一种杀伤力极强的武器，能够杀死长毛象。要驾驭这种杀伤力，你需要做的是学会如何击中目标！对付体形较大的猎物时，理想的目标区域是在前肩后，穿过肋骨直达胸腔。

鱼叉和三叉戟

长矛也可以用来捕鱼，但是需要对矛尖做一些改动。单尖鱼叉很容易打滑，让鱼逃走。在矛尖上应装上倒钩，从而确保快速叉到鱼并使其无法逃脱。将这些小尖绑在矛杆的正确位置，或者小心地将一块硬木、鹿角或骨骼削尖，制成一个可以分离的鱼叉。将鱼叉插入矛杆的空座中，并在上面系一根短线，如果叉到的鱼摇摆得太厉害，鱼叉会从矛杆上脱掉，但仍然连着鱼线。叉到的鱼会使劲挣扎，仍然被紧紧地固定在系绳的鱼叉上，但是没有丝毫机会挣脱鱼叉逃跑，成为其他动物的午餐。

鱼叉用于捕捉鲑鱼或鳕鱼等体形较大的鱼类。这种捕鱼工具设计巧妙，中央矛尖两侧有一对活动臂，上面各有一个倒刺，尖头相对。它们可以牢牢夹住被刺穿的鱼，确保其不会挣脱。为了将鱼诱惑到水面，鱼叉可以和诱饵或火把配合使用，叉鱼的时候一定要小心，以免这些精心制作的矛尖碰到河床上断裂。对于那些位于水面下的鱼，叉的时候要考虑到光线折射，微微向下进行瞄准，同时要记住鱼叉进入水中会使水飞溅起来，这样会吓跑你的鱼。捕捞比目鱼等扁鱼时，徒步在水中跋涉，悄悄地将鱼叉伸入水中，位于沙子的正上方，随时准备将鱼插到河床上。你的眼力要非常敏锐，因为这些鱼都有出色的伪装，我从岳父那里学到了对付这种伪装的好办法：使用一端带钉子的用旧板球桩制成的鱼叉，这个工具屡试不爽。当心不要叉到自己的脚！

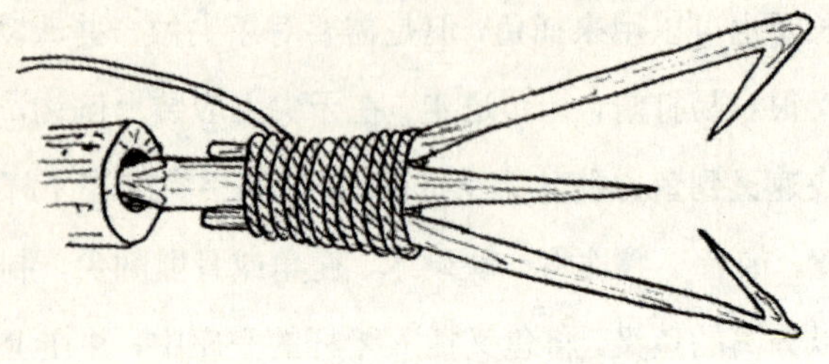

这种工具在大多数情况下会让鱼无法逃脱！

图 63 鱼叉

练习狩猎技巧

应牢记，上述所有狩猎和捕鱼方法都是违法的，由于求生而进行的狩猎和捕鱼需要正确的捕鱼工具或是合适的手持工具，同时还要有当地相关各种执照和许可证。作为狩猎的初学者，我建议使用气枪，因为绝大多数气枪都不要求执照，你仅仅需要得到土地拥有者的许可就可以打野兔了。然而，如果你从来没有使用过火器或进行过狩猎，那么我强烈建议，你在内行人士那里接受一天的培训。事实证明，这种培训对安全使用武器是非常宝贵的，而且还可以提供给你许多生死攸关的小窍门，例如：如何击中目标，如何控制子弹的轨道以及如何调整你的视线。

第八章

陷阱

诱捕动物和鱼类

如果你认为，第七章所述的捕猎方法，似乎会让我们四处奔波而收获甚微，事实的确如此。而陷阱则是时刻捕猎的小猎手，可以让你空出时间来做其他工作。正确设置陷阱可以不断捕捉到猎物，从而提供源源不断的鲜肉。为了提高成功率，你不仅要了解陷阱的工作原理，还要了解所选猎物的生活习惯。这就需要对动物进行深入研究，而随着你对本来打算捕食的这些神秘可爱的生灵一步步深入了解，你就会产生一种复杂的情感。

我们应该牢记：陷阱虽然非常有效，但却不能保证干净利落地杀死动物。起初，你会犯很多错误，而这通常是以可怜的动物为代价。我是年轻的时候学习使用陷阱的，当时我的消化功能很好：我为此而感到庆幸。这正是使用陷阱的严酷现实，出于这些原因，并且由于陷阱的基本设置方法并不遵循任何既定指导准则和条例，几乎所有原始陷阱都是非法的，除非你必须依靠它们来维持生命才能设置陷阱。现代的陷阱，只有在获得许可及特殊情况下使用才合法。

何处设陷阱

如前文所述，为了提高捕获猎物的机会，你必须了解猎物生活的每个细节。寻找地洞、粪便和公共厕所，以及进食的痕迹，如啃咬过的树叶和青草，特别是被称为动物“路线”的被踩踏过的“野生动物公路”。这种“路线”最适合设陷阱，因为动物在行进过程中，对障碍物的警觉性降低，只想尽快到达目的地（比较而言，地洞入口则不适合设陷阱，因为动物在此处会保持最高警惕以防从安全的洞穴通往危险的外部世界）。

路线在清晨时最容易发现，被不断踩踏的植被上，薄薄一层映出旭日的露珠会与周围环境稍有不同。这些路线通常通往地洞或食物及水源。沿这条路某个地方，你会发现地面上有软软的泥块，上面的足印可以让我们轻松辨认出哪种动物经过。这些追踪陷阱和新鲜粪便都会给予我们提示，帮助我们判断出路线的使用频率。有时候，路线可以一览无余，特别是在长草丛中——路线在草丛里形成绿色隧道，这正是设置陷阱的绝佳地方。如果没有清晰的路线，或者路线数量太多而无法确定在哪里设陷阱，那么，你可以放上诱饵，吸引动物。捏碎几块粪便，就可以了解当地最流行的食物。

如何设陷阱

找到合适的地方之后，应立即远离，避免留下太多痕迹。在另外一个地方建造陷阱各部件，搭建陷阱时，尽可能缩短踩踏路线的时间。请牢记：动物的嗅觉非常灵敏，所以，你要用泥或当地植被在手上揉搓，尽可能遮住人类的气息。另外，应使用在陷阱区找到的同种木材，制成陷阱各部件，因为即便是所选木材出现偏差，也会引起动物的警觉。

此处值得一提的是，陷阱各部件都必须足够牢固，可以将猎物控制起来。哪怕是最小的野生动物，当它为生命而战时，它的力量也是可畏的！所以，经过淬火处理的湿木材是最佳的选择。所用到的绳子，不仅要特别结实，还必须很细，这样才能很好地隐藏起来——在使用天然材料制作绳索时，要同时做到这两点并不容易。传统上，人们使用兽皮或肌腱制作绳子，但一些植物纤维如果处理得当也可使用。当然，如果你随身带了一些装备，就可以利用夹克衫、帐篷或救生包制作牢固的人造绳，这样，问题就解决了。

设陷阱时，应尽力不去过多地改变环境。用周围的树叶和泥土把陷阱所有部件进行伪装，但应适度把握，否则，它看起来会比之前更加明显。做出一些自己可以辨识但动物并不注意的标记，这样，在需要检查陷阱时，它就会带你回到陷阱旁边。此外，应记住你设了多少个陷阱。尽量多设一些陷阱，增加获得美食的机会：我通常是按照设置10个陷阱捕到1只兔子的比例来设陷阱的。

陷阱设好并标记之后，无论是从道德上还是从法律角度上讲，你都有责任每隔两天检查各个陷阱一次。这样做是为了确保捕获的动物在宰杀之前，不必在陷阱里待太久，另外一个原因，则是在生死关头之际，你的猎物很可能成为活动在这个地方的其他食肉动物的免费大餐。曾经有一次，一只狡猾的狐狸发现了我的夹线，把它当做了超市里的购物车，在我第二天早晨去查看陷阱之前，它偷走了所有它能带走的东西。检查夹线时，最常见的结果，是陷阱有移动痕迹，或诱饵被啃咬过，而不是捕获了猎物。这种结果并不算太坏，因为至少你已经知道，周围有动物出没。你只要稍微调整一下陷阱，让它下次发挥更好的效果就行了。最后，任何夹线都需要一点时间，或许是几天，来“埋入”并开始捕猎。如果周围仍然有活动的迹象，就不要因为一时担心，而把所有的陷阱都挪到新地方去：陷阱在同一个地方的时间越长，动物也就越发习惯它们的存在，等到动物的信心占据上风时，它们就会在不知不觉中成为你的晚餐。

陷阱类型

研究建造传统的陷阱，是一件令人着迷的事情。研究并试验过各种原始陷阱触发装置之后，我注意到，自己的日常生活中还在使用与之相同的工程小窍门，比如木板门上古老的门闩、衣夹，甚至是固定车后备箱开关装置的挡片。你一旦熟悉这些小弹簧触发器的基本原理之后，就可以在营地各处巧妙使用。

落石阱

最简单的陷阱，由支撑的重型圆木或岩石构成，当支撑断裂后，猎物会落入陷阱。此类陷阱称为“落石阱”。正如其名称所暗示的那样，原则上讲，当你去取猎物时，它已经死亡并且尸体变软。但有时候并不是这样，所以，你在挪开落石阱时，要做好捕捉并宰杀猎物的准备。陷阱较大时，支撑重物的过程中你很可能压伤手（甚至发生更糟的情况），所以，必须使用一些安全装置，例如，如果重物突然落下，你可以将另外一根比你手臂粗的圆木暂时支在重物下分力。两个人合作更好，或在设陷阱时，采用不会危及自身任何部位的设计。

此类陷阱的主要优点在于，你可以夜间围着篝火制作多种触发装置，而较重的部件，在陷阱附近就可以找到，也就是说，这种陷阱只需利用就地材料就可以很快设好，留下的痕迹也很少。此外，一些陷阱根本不会用到绳索，所以当你手边没有绳子时非常有用。

落石阱有很多类型，但多数都是同一主题下的变形，所以，我总结了一些设置方法，它们涵盖了多数意外情况，根据我个人的体验，利用这些方法便于设置陷阱而且极其有效。

4 字形触发装置

如果没有其他装置，4 字形触发装置作为一种有用的雕琢装置，可以放置诱饵或制成触发木杆，成为巧妙的拆卸式支柱。乍看之下，它的结构有些复杂，但其成功的关键，是在正确位置准确地刻出凹痕，以获得恰当的平衡点。组装之后，重物下坠的压力，将支柱锁在一起。一旦诱饵或触发木杆被触动，支柱就会散架，使重物立即落下。在陷阱底部再放一根圆木或其他坚硬物，可以确保达到“剪刀效应”，而不是只把猎物击倒在软地上。要增强触发装置的效果，你还必须使其在坚硬面上达到平衡，如扁平的石头或木板，否则它可能掉到地上，从而阻碍落石阱发挥功能。这种触发装置还可用于并不致命的笼式陷阱。

图 64　4 字形触发装置落石阱及触发装置刻痕详图

派尤特式触发装置

这种灵敏度极高的触发装置需要很长的绳子，但真正支撑所有重量的却是系绳子的木棍，所以必要时拧在一块的植物纤维也会派上用场。触发木杆既可以和诱饵（如图 65 所示）配合使用，又可仅作为触发装置，沿常用的路线设置。

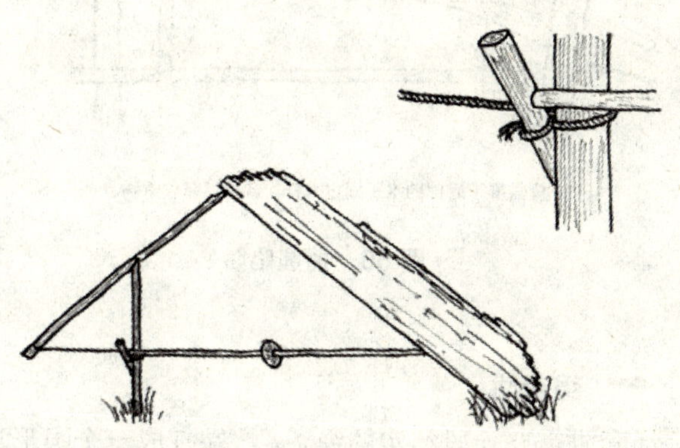

图 65　派尤特式触发装置

捕熊陷阱

这种陷阱之所以有这样一个名字，是因为它可以按比例放大，用较大的圆木及陷阱部件捕猎体形庞大的动物。一个人就可以制作并设置此类中型陷阱，其功能却不限于捕捉像獾那样大小的动物。图中所示的绳索，其实是较为柔韧的卡箍，可以用扭曲的树苗、牢固的藤蔓或编在一起的杉树根制成。

只需推下底部的水平固定木杆，就可以释放重物。

图 66　捕熊陷阱

绳套阱

绳套阱需要一段结实的绳子，一端打成一个眼形环，做拉紧的套索。延展性金属丝被广泛视为绳套阱的最佳材料，因为它体积小却很牢固，很难看到，而且无法咬断或折断。当垂直挂起来捕捉奔跑中的动物时，它还能保持原来的形状。我总在装零碎东西的口袋里放上五个已经做好的绳套阱。同样，多种设计巧妙的陷阱都将绳套阱用作捕猎装置，我总结了最易于设置但又最为有效的几种绳套阱。

固定式绳套阱（捕兔绳套阱）

这是最基本的绳套阱，如果正确设置在恰当位置时，就极为有效。今天，带有自由绳眼、由 6 股铜丝制成的绳套阱，仍然是合法的捕兔手段。自由绳眼（完整的铜圈）是新近增添的，可在套索收紧防止其锁死。不带自由绳眼的绳套阱（自锁）不断收紧，即使动物停止挣扎也绝不会松开，这就意味着，如果如我们所愿套住了动物的脖颈，它会很快死亡，但如果套住了腿，那么动物会死得非常痛苦。相比之下，带自由绳眼的绳套阱要更加人道，它会套住动物，但当动物不再挣扎时，就会稍稍变松。最终的结果仍然相同，但如果检查绳套阱的人能够控制所有一切，就可以更加果断了结动物的性命。如果你计划尝试一下这种绳套阱，需要获得土地所有人的许可，并遵循所有的合法原则，否则，你的行为会被视为偷猎行为。最后，绝不能忘记，绳套阱完全不区分猎物种类，很可能套住为人们所喜爱的宠物，因此，即使你获得了许可，也应该慎重考虑设置陷阱的位置。

将绳套阱牢牢系在粗木桩上，木桩必须沿路线一侧钉入地下。在路中间设好套索，四根手指远离地面，张开到紧握的拳头那样大小。用少量分叉的树枝，将其固定至恰当位置。实际操作中，猎物沿着自己的路线奔跑而来，头撞入套索，套索会借助动物向前跑的力量而拉紧。这种方法极为简单，但却很有效，可以捕获小型哺乳动物和在地面觅食的鸟类。

其变体包括沿着长杆按一定间隔固定绳套，之后将木棒固定在松鼠经常停歇的树旁。松鼠习惯这根木棒之后，会用它来爬树，然后就会被套住。除非在紧急情况下使用，否则这种方法为非法行为。

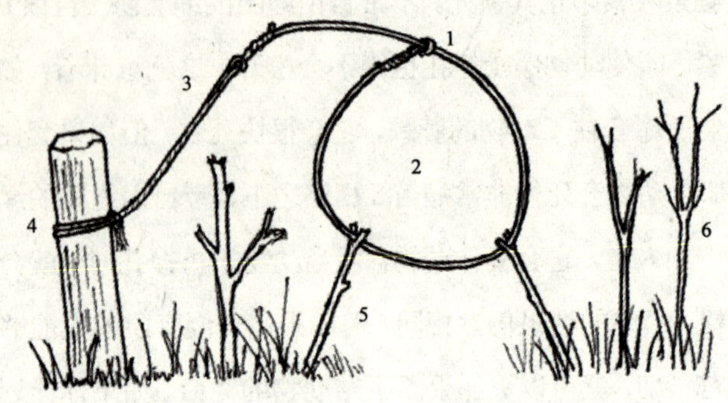

1.活动绳眼；2.铜丝套索；3. 粗绳；4.粗棒；5.细树枝；6.将猎物引入绳套阱的就地枝叶

图 67　固定式捕兔绳套阱

绳套阱还可以多种方式用作捕猎武器。第一种方法是在长棒一头系一个绳套，套住栖息鸟类的头（能够熟练使用这种方法的偷猎老手，可以通过鸟类藏身的浓密藤条和树下粪便的多少，判断出鸟儿可能在哪些树上栖息）。如果你没有耐心，那么使用绳套阱的另外一种方法，就是埋伏等待，然后惊吓那些正在吃草的兔子，它们会被迫闪电般寻找庇护，这样就很可能撞到预设的绳套阱里。当疯狂嗜血的人从沟渠突然发起攻击时，它们不大可能过多地考虑逃跑的路线，因此，很有可能会跑到陷阱里。

图 68　带闭合绳套阱的捕鼠棒

崭新的黄铜丝闪闪发亮，因此要降低其亮度，将卷起来的绳套阱挂在户外的安全地方，使其变暗变钝。紧急情况下，天然绳索也可使用，但它没有人造细绳或金属丝那样牢固，所以最好和弹性绳套阱配合使用。

弹性绳套阱

弹性绳套阱结合了一些巧妙的方法，可用于改良标准固定式绳套阱，还可使陷阱能够通过套住一只腿而将体形较大的动物套牢。绳套阱或套索紧紧固定在一个触发装置上，该触发装置会借助诱饵棒、触发线或踏板的动作弹起。张力由弹性树苗、树枝或被称为撑杆的“跷跷板”之类的装置提供。

当陷阱弹起时，各部件在张力下释放，绳套阱会借此拉紧。如果猎物体形较小，它就会被从地面上拉起来，远离那些觅食者所能及的范围；如果猎物体形较大，快速弹起会确保套索在动物逃走之前收紧。通过套腿来捕捉大型动物，就意味着动物不会被立刻杀死，而在某些狩猎社会中，这种方法为猎人提供了一个机会，可以让猎物活到被食用之前。此外，树枝上的“弹簧”，其工作原理与钓竿吸收动物挣扎造成的拉力时相同，可以有效利用不太牢固的绳索。

基本的弹性绳套阱或“抽动”式绳套阱

这是对固定绳套阱的简单补充。固定木棒凿有凹口或天然“吊钩”。该绳套阱固定在一根木棒上，木棒上带有凹口或吊钩，也系在提升装置上（此种情形一般是树苗）。当绳套阱以正常方式套住奔跑中的动物时，会被拖离固定木棒，这样陷阱就会弹起来。这种触发机关还可在河岸上使用，就像自动垂钓者一样在带诱饵的钓钩被吞下时发起“攻击”。

撑杆式绳套阱

这种陷阱要用到刻痕带缺口的触发机关和木棒，撑杆用来提供张力。撑杆是按照“跷跷板”的原理来工作的，在木棒最远的地方绑上重物来达到平衡。设置该装置的工作量要大一些，但其优势在于，可在任何天气条件下工作，直到腐烂。但应注意，绿色树苗在安装之后，如果使用很长时间就会丧失弹性，而且在寒冷条件下会冻住。

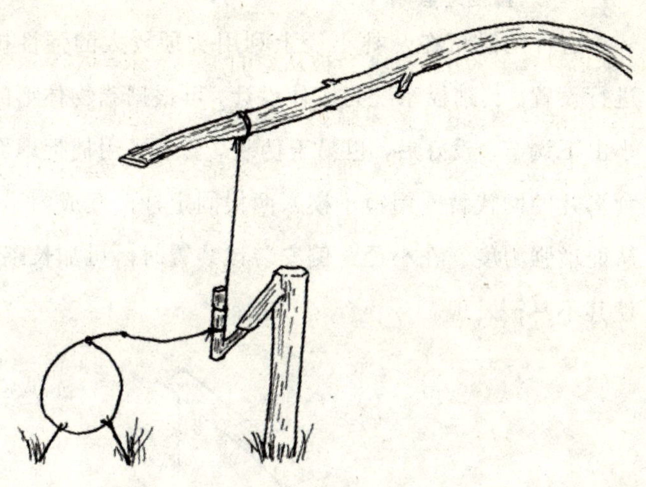

图 69　抽动式绳套阱

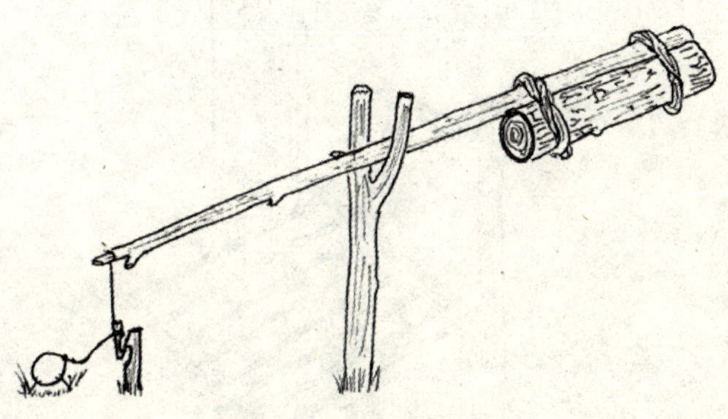

图 70　撑杆式绳套阱

套腿绳套阱

这种陷阱可在丛林小径上利用头顶较大的弹性树枝进行设置。其踏板系统为实体设计，可根据猎物体形的大小上下调节，设好后，也易于伪装。套索可用捕捉地面觅食鸟儿的网代替。用锤子楔入两根固定柱，互成内错角，从而增强力度。在小径一侧安装该装置时，可加长踏板，使其不易被发现。

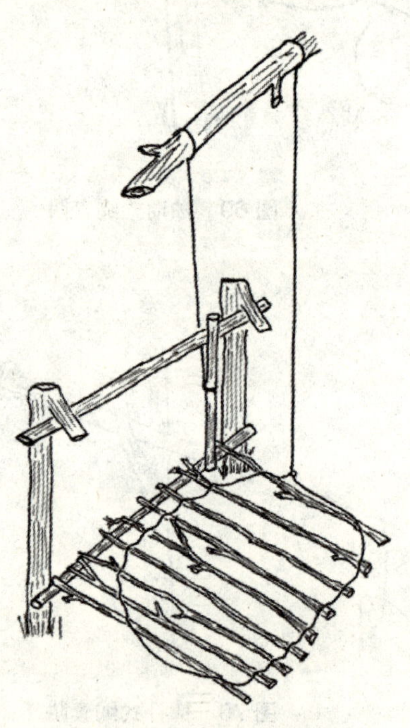

图 71　套腿绳套阱

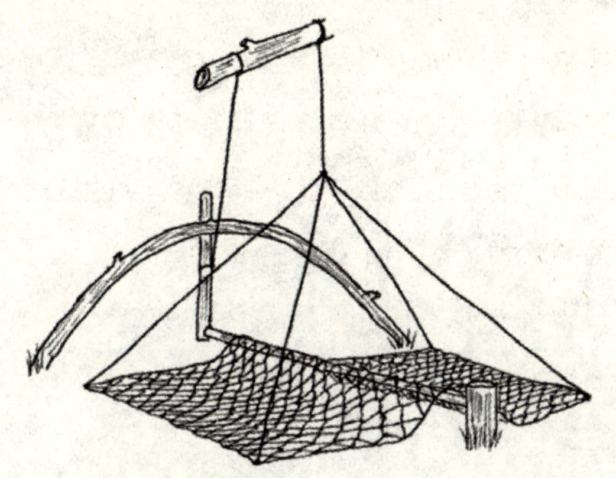

此处用网代替了套索或陷阱，用于活捉鸟类及小型哺乳动物。

图 72　套腿绳套阱（带触发机关的）

踢到、推动或踩踏触发机关，即可触发此类陷阱。其优势在于制作简单，且触发时影响轻微。但是，它必须安装精确，木棍接触处可能需要雕琢，以获得恰当的摩擦力。

笼子

如前所述，构造简单的笼子即可代替沉重的陷阱。在没有冰箱的世界里，这样做可以让猎物活着，需要时再进行宰杀。笼子最初是专为捕捉在地面觅食的鸟类而设计的，需要在里面放上诱饵，并在通往陷阱入口的路上沿途放一连串此类诱饵。观察该区域内的新鲜粪便，以确定目前有哪些季节性美味。我曾经挖了一个带斜坡的小坑，并用带诱饵的 4 字形触发机关支撑一个重盖子，成功捕到了猎物。

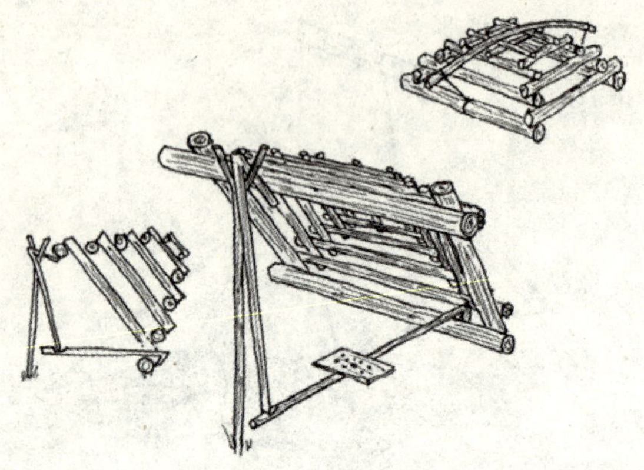

请注意，笼子底部的木棒，比其余部分要厚得多，也重得多，这样即可在笼子掉落时使其加速。如上图所示，是通过少量捆扎工作来制作笼子的妙法。仅底部木材需要捆扎。顶部拉紧的木棍用绳索系到底部木材上，即可使其他所有木棍固定就位。制作少许重叠接缝，或在木棒交错的地方预留大量突出部分，以防某根木棒变松时发生水平位移，所有木棒均有可能变松！

图 73　笼式陷阱

网

捕捉多种飞禽走兽及水生动物时，网都极为有用，但网需要大量合适的绳索。如果手头恰好有大量的绳子，那么，编网不失为打发漫漫冬夜的好办法。降落伞上的绳子为上上之选，其绳芯由多条细绳构成，这样做成的网，重量小但又很结实。植物纤维扭曲之后会更加结实，但将其制成好用的网，却需要花很长时间。网既可通过连接线束制成，也可利用织网针和网目编织。

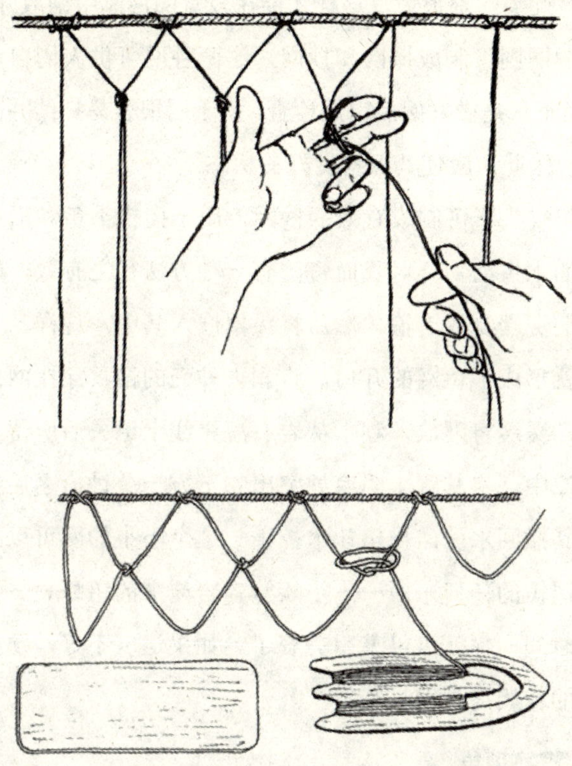

上图：该法将一倍长度的线简单地绕着一条张紧绳绕一圈。网格则是通过以均匀打双重反手结的方式做成。

下图：编织网时，需要织网针，织网针可用木头或骨头雕琢而成。张紧绳作为起点，第一排通过间隔均匀的多个小双套结固定在绳子上。图中显示了编织其余各排时所打的简单的结，编织下一排时，将绳索从针上拆下。插入网格的木制量具，则保证了间隔均匀。

图 74　制网的两种方法

然而，这些网一旦制成，则绝对是物有所值。用来捕鱼的刺网非常有效，只有在紧急情况下使用刺网才被视为合法行为。此类网都很大，这样才能在较宽的河流中铺散开来，较小的网则可制成掩网和抄网，这两种网可供人们自由使用，而不只是撒好网后定期检查。由于网很容易打结并乱成一团，因此，应使其保持良好的状态。

防蚊头罩可制成有效的抄网，用于捕捞小鱼和沿海水潭中的水生动物。对我而言，有一种方法行之有效，即把树苗的一端制成卡箍，然后将头罩嵌入其中，这样，卡箍一端就形成了鱼网的开口。将剥去外壳的帽贝穿在网内作诱饵，缓缓将网放入潮水从岩石海岸线上退去后所留下的深水潭中。将其置于阴凉处突出物下方一分钟，之后慢慢地将其撤回水面，捞出让水控干。这个小小的网可以抓到爬向诱饵的任何东西——小螃蟹、岩潭中的鱼虾——无需多少时间，你就可以享用美餐了。如果运气不好，那么你能吃的就始终是帽贝！

捕鱼

使用小网的另外一种有效方法，就是制作捕鱼装置。传统上，此类装置为带有一两个入口的鱼状框架结构。入口开口为狭窄的漏斗形，这样，鱼类、鳝鱼及小龙虾等很容易进去，但却很难找到出口（传统的鳝鱼捕捉装置，漏斗较小一端上缝有一个窄窄的布套，能确保这种滑溜溜的动物在进入之后无法找到出口）。捕鱼装置通常以残骸或多余的内脏等为诱饵，其开口面向与水流相反的方向。你如果有小网，基本框架可以很快制成，并用网丝覆盖。由柔韧性植物（如柳树，榛树葚或野蔷薇）编成的捕鱼装置，在世界各地已经使用了数千年，人们有时发现完整的捕鱼装置掩埋在木材防腐的泥滩下，好像时光几乎未曾流逝。此类装置的优势在于非常坚硬，可以让水自然地流经缝隙，同时又能很好地同芦苇及其他水生植物混在一起。我们必须用合适的石头使其下沉，并用绳子将其系在岸边，以便收回。

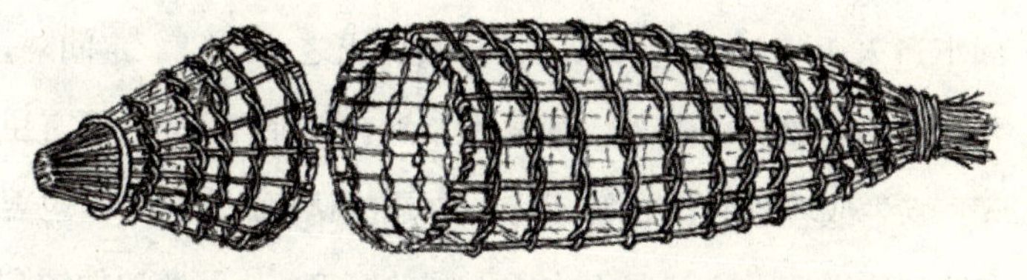

请注意，图示捕鱼装置的漏斗用铰链固定，这样它就可以像门那样打开，来收集捕捉的鱼。

图 75　编织的捕鱼装置

为增强捕鱼装置的效果，无论其为鱼网还是鱼筐，都可在河流中设置一道由木棒或石头构成的栅栏，将鱼直接引入捕鱼装置。正如“将兔子赶入陷阱”一样，之后，鱼就成群进入捕鱼装置。如果你们只有两个人，横穿河流在你们之间拉一条绳索，使其位于水面以下，并可沿着绳索绑扎一些又大又长的树叶，或脆性（细长多枝）木材。这样做会让鱼感到害怕，防止它们从你身边溜走。

夜钓线

钓鱼是个真正的技术活儿，它吸引着祖辈父辈们，占据了他们生命的很大一部分，直到他们不能再谈论任何话题。钓鱼的确是一项有用的觅食手段，但同时，它又相当耗时，经常需要数个小时来引诱鱼。挂夜钓线就相当于设置陷阱，其相似性在于，它们一直工作，而你却可以腾出手来做其他事情。将一根结实的绳子系在河岸上，然后将其另外一端固定在中等大小的石头上，使其在抛起时，以 45° 的角度斜向下进入水中，到达河床。在将其抛出之前，隔一定间隔，在绳子较细的部分打结。每根线上都有某种钩子，上面有虫子、蜗牛或者临时用锡箔或骨头制成的诱饵。这些东西也要称重，这样便于将其置于水中不同的高度，从而增加你钓到东西的机会（有些鱼只在水底觅食，有些在水面觅食，其他则不那么挑剔）。

如果没有合适的钓鱼工具，你就得做鱼钩和鱼线了（见图 76），但最简单的方法，就是使用原始鱼钩。这种鱼钩安装在诱饵里面，与鱼线平行。当被咬下时，它就会旋转并留在鱼的食道内。与钓鱼不同的是，你不必将扭动的鱼拉出水面，只要定期检查，你的猎物就无处可逃。另外，随时准备补充诱饵，因为诱饵会变得不再新鲜或被咬下偷走。

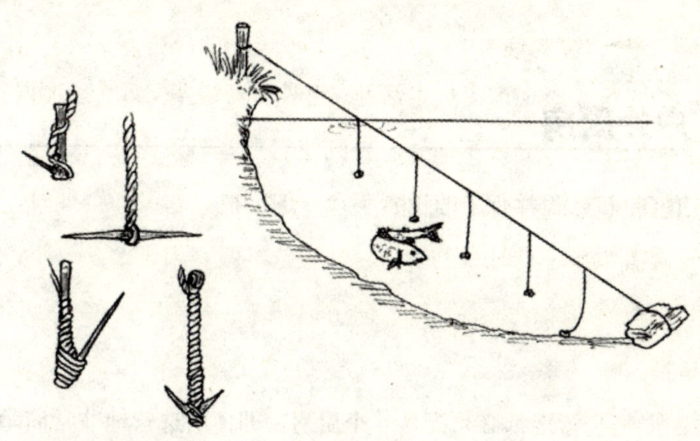

用合股植物纤维（如带刺的荨麻）制成的长线。如果你没有鱼钩，可以现场制作一个。此处所示的鱼钩，从上到下依次为：带刺的山楂树枝；骨头或硬质木头制成的简单有效的原始鱼钩，两端削尖，使其被吞下时在鱼咽喉触发；带有一片被削尖鱼骨的木轴，鱼骨用松香黏接，用劈开的云杉树根固定；仍附着在干枯的枝干上的野蔷薇和犬蔷薇，用野蔷薇干上的纤维捆在一起。

图 76　夜钓线和鱼钩

第九章

户外厨房

准备、烹调并保存野味

每个营地都必须配备一个厨房。即便所选营地非常简陋或只是暂时性的，这也并不意味着，在营地所烹饪的食物也会很简陋。人人都喜欢享用美餐，而当在户外辛勤劳作时，人们会发现，用餐时间通常会成为当天最重要的时刻。人们必须最大限度利用能获得的材料，努力让吃饭变得令人期待。当投入自然母亲的储藏室时，人们或许并不熟悉自己所能获得的野生原料，因此，很有必要了解如何准备基本的食物。

我们所食用的任何东西，在我们拿到之前，都经过了充分处理，所以，我们许多人都不习惯看到带有皮毛的肉或上面有泥土的蔬菜。知道如何捕猎和采集是一回事，但人们还要了解如何获取原材料，并将其变成吃的东西。当然，在求生困境下，食物是最基本的动力，部分野味需要经过处理烹调之后才可食用，很多野味在烹调之前味道苦涩或为木质。要克服这一点，人们必须了解在没有锅碗瓢盆的条件下如何烧、蒸、煮、烤，如何从猎物及采集物中获得各种营养，如何保持干净整洁防止疾病以及如何短时间或长时间储存食物。

行进中烹饪

如果正在行进中，小小的天然帐篷下的一个小火堆，就已经足够用了。如果可以选择，我会在这样的地方“安营扎寨”：附近有水源可提供清洁用水，有补充储水的地方，并能确保火可以熄灭。做饭用的火堆应当又小又简单，任意一端放两根木头作为蒸煮罐的支架，或带有高度调节装置的简单的瓦罐升降装置，如图 77 所示。来回移动支架木头，使瓦罐降低或升高。

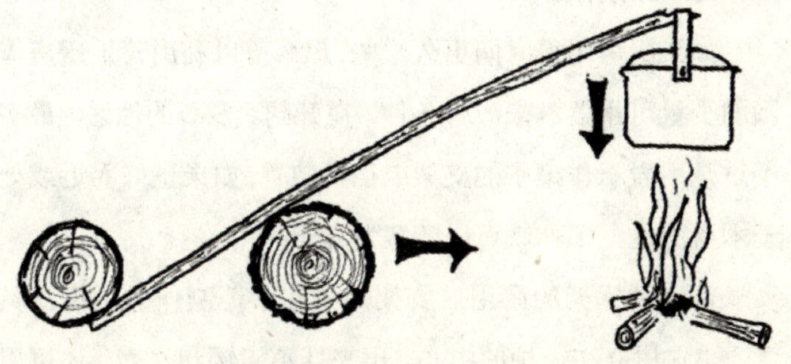

这种简捷装置使煮饭用的瓦罐可以挂在小火堆上。里外移动支架木头，可以升高或降低瓦罐。

图 77　瓦罐升降装置

固定式营地厨房

营地厨房可以采取多种形式，从大群体遮蔽所内的公共篝火，到远离住所、有自身遮蔽所及专用火炉的单独厨房。营地厨房无论大小，其关键词都在于“组织”：炊具可通过多种方式悬挂在火上；食物应当恰当储存；炊具必须进行清洁；食物废弃物必须适当处理；肉品处理区域必须远离主营地。

大型折叠式水容器应触手可及，以便于为厨房供水，这样就可以避免不断步行往返于营地和遥远的水源之间（绝不能在水源旁边搭建固定式或半永久式营地厨房，以免污染仅有的水源）。

厨房用具

如果厨房用得时间更久一些，那么可以利用营地厨房周围的少量可用器具来改善条件。在开阔、多石的地区，最多不过是用岩石作罐子的支架或挡风装置；如果正好靠近或处于木材源地，那你就可以随意发挥了。

带可调锅架的厨用三脚架是我在营地制作的首批器具之一。它树立在火炉的中心，用来挂蒸煮罐和水壶，还可用作保存食物的干燥架及放茶杯与马口铁罐。用上一段时间，它们就会形成保护性烟状锈迹，我发誓，我用的一些已经熏黑的木制锅架，在地下埋上一千年后再挖出来，照样很好用。

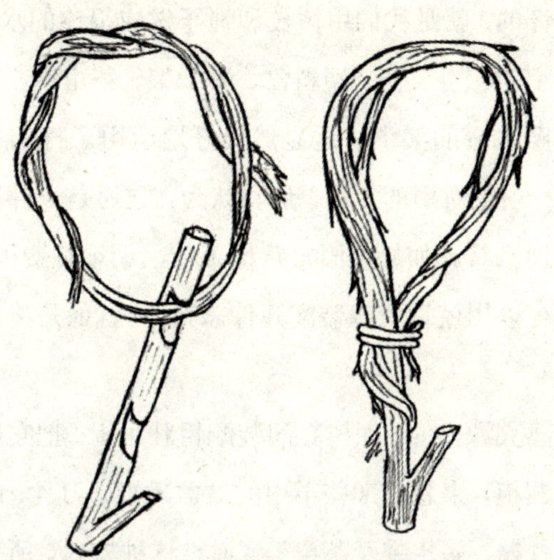

左图：70 页所述的雕琢而成的可调式蒸煮锅吊架，带柳枝或柔性树根制成的强力吊环。三脚架下方的吊环以及锅架的刻痕，提供了多个高度，用于区分烹饪温度。

右图：在拧好的树枝的一段，留一个天然的钩，形成调节性能稍差的锅架。

图 78　蒸煮锅吊架

选择三根粗壮的分叉木棍，长度约为 2m，在分叉互锁处用天然绑扎物将它们绑在一起。从顶端挂一个同种绑扎材料制成的粗壮固定环。在上面挂上雕琢而成、足以支撑最大的锅的可调蒸煮锅吊架。干燥架可以放在肉或菌类架的顶部。更多木杆可以固定到位，支撑炊具一端或伸出的吊锅用横木。

厨房构造

儿童时代一次也是唯一一次童子军军营活动中，最让我不能忘怀的，就是我们用树枝和绳子做成很棒的水槽架。它有一个空隙，用来安装塑料盆、沥干架、茶巾钩，下面还安装了储藏水罐的架子。这显然很好地运用了打结与捆绑技术，是一项很有用的工程，但我认为，它还是一件很有创造性的营地家具。如果在固定营地工作，无须花费很长时间，我们就可以用就地资源装配几件家具。这就像是将室内搬到了室外！

远离火源，在两棵树之间装配粗壮吊板。把它用作林间厨房的橱柜，来悬挂那些不用的盆盆罐罐、刀具、雕刻的锅架和搅拌器，储水袋及茶巾等。通过这种方式，所有厨具都保持清洁，并集中在一个地方，这样，它们就在那里等你取用，而不是散落到树叶中或在黑暗中把你绊倒。

保持清洁

应养成在厨房中用完任何厨具后清洗的习惯，以免老鼠进入营地，或引起疾病。金属厨具及器皿，具有容易消毒的优势，只需在火焰上对其加热即可。

同时，想一想应该怎么处理食物的废弃物。烧掉所有的垃圾，如果其无法烧毁，则应远离营地将其掩埋。存放的动物食品如果无法利用（在求生困境下这种情况并不多见）应当烧毁或埋在离营地至少 100m 的地方。用多叶树枝做成扫帚定期打扫营地，清除暗处的食物残渣。

天然的肥皂代替品

多种植物由于其含有皂素都可产生天然的肥皂沫。红石竹、肥皂草、七叶树树叶、白桦树叶和丝兰就是其中几种。比起碱性很重的肥皂，这种肥皂沫亲肤性要好得多，可作为良好的肥皂替代品。泥炭藓是一种易于生物降解的百洁布，用来清洗双手和餐具，因为它含有少量碘。

准备野味

必须在远离营地的地方处理野味，以防出现寻找残渣的不速之客。人们建议，在有熊出没的地方，屠宰场所及食物储存区域应距离营地至少100m。将屠宰场所安排在已经倒下的大树附近，把大树当做工作台，或者至少清理一片空地出来，铺上新采摘的绿叶，在上面进行工作。屠宰过程中如果有可供暂停工作的场所就会很方便，虽然它并不是特别重要。离开之前，确保自己清洗了双手和所用的设备。如果随身携带了肥皂，肥皂也应放在屠宰场，以免吸引大型肉食动物。在处理肉食的过程中，你可以点起一个烟熏火堆，防止苍蝇聚集。

碰到任何野物时，我们都必须以人道手段宰杀，之后快速处理。处理肉品前后必须清洗双手，如果皮肤受伤，则应戴橡胶手套（如有）。一开始就应掏出内脏，以免肉受到污染。这些东西应当保存起来，用作诱饵、做绳子甚至防水袋。

肉则应切成块，不能马上吃的部分应烟熏或风干保存。脂肪应保存起来用作食物、防水剂或燃料，血营养价值丰富，必须收集起来。筋腱可以取出来烘干，用来做绳子，兽皮可以在刮净肉之后，风干软化，用来做衣服和铺盖，鸟羽则可用来保暖。骨头和鹿角应当保存起来制作工具和武器，动物的脑袋可以取下来放在青苔里，用作兽皮的鞣剂。眼睛、脚和兽皮残余可以制作胶水。甚至已经剥光的骨架，也应当保存起来做汤——任何东西都不能浪费。

哺乳动物

我记得，在剥过几年兔子后，我第一次去剥鹿皮时，认识到四条腿的哺乳动物，无论其体形大小，都遵循相同的基本原则。我们会很快认识到，所用方法只需作些调整就能轻松应对。四条腿的爬行动物和两栖动物，也没有太大不同。

宰杀动物之后，首先应去掉内脏。为了防止在被捕获之前动物没有排泄，往下推腹部，清空膀胱，然后小心地切开胃部皮肤，注意不可刺穿内含物。刀片始终处于最上端（降低割破小肠、胃或者膀胱的几率），划破从肛门到脖颈的皮和一层薄薄的肉，取出消化器官。体形较大的动物，需要绕肛门和生殖器官划一圈，确保直肠及相关器官一次性清除。

胸廓也要剖开，直到气管，气管必须割破，以便取出较大的器官。尸体可翻向一侧或者挂在粗壮的树枝上，这样更加方便挖出内脏。取出内脏时应仔细检查，特别是肝脏，如发现有病变，立即丢弃。肉若带有任何看上去不太可靠的器官，都必须加以烹煮。肝脏应为暗红色，并且没有白点。健康的心脏、肾和肝都被视为“红肉”，应保存起来食用（最好首先食用，因为它们变质较快，但在烹调之前，必须取出苦胆）。阿拉斯加人无法经常获得植物性食物，但通过食用北美驯鹿等的肝脏，却可获得自身所需的多种维生素。然而，即便你有机会，也千万不要尝试北极海豹或北极熊的肝脏，因为它们维生素 A 的含量极高，而这可能让你丧命（如果北极熊没有先让你丧命的话）。

取出内脏和各种器官之后，如图 79 所示，向上顺着四肢内侧并环绕关节、脖颈继续切割。小动物只需使其四只爪子分离，便可随意切割。体形较大的动物，则应注意使腿腱保存完好。松开沿最初腹部切口的皮肉之间的手指，开始从动物身上剥皮。体形较大的野兽，则需要用手使劲把皮撕开。手绕着背部滑动，直到从腹部切口的另一侧伸出。这样做就可以像脱毛皮大衣那样把兽皮从尸体上剥下来。我们还要再做一些工作，用锋利的刀子切下四肢，而不让肉黏在皮上。切下头，或者干脆把头拧下来，就不必再用刀割了。

剥皮取出内脏的尸体，现在就可以切块了。最嫩的肉排，位于腰部，与脊柱平行。切下大型动物腰部的肉之后，小心地取出银色背腱当绳子用，然后，将肉切成单独的肉排，或捆扎起来，做成美味的酱汁烤肉。后腿或所谓的“腰腿肉”，切下后整块保存，或沿着肌肉的纹理切开。前腿和肩部最好切碎炖汤。我喜欢从动物身上剔除所有的肉渣，将其剁碎，然后和香草脂肪拌在一起，做成香喷喷的丛林汉堡。兔子、麻雀等小动物，既可以整只来烹调，又可以分成四部分：腰部、肩部、胸廓和分离出来的后腿。

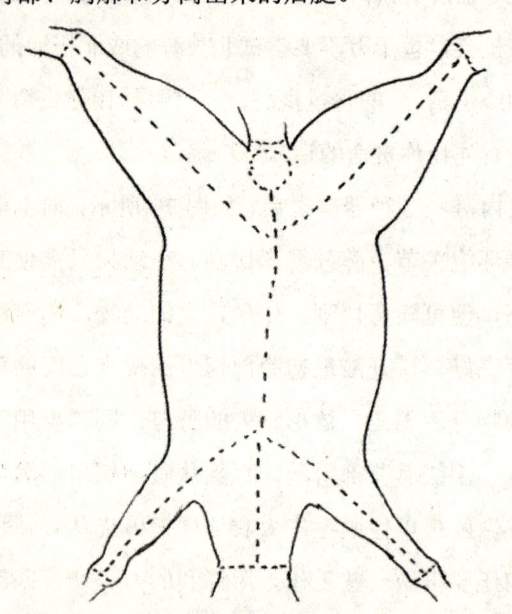

沿虚线切割，但应注意，切入胃部不能太深，否则肉会受到污染。

图 79　动物剥皮

有一句警告，未必人人都肯听：做出半生多汁的肉排，就意味着肉没有熟透，这样做虽然营养更加丰富，但同时又会滋生寄生虫、细菌和病毒。屠宰猎物之后，无论用哪种方法烹饪，要避免这些危险，最好让汁水完全消失。

野生鸟类

野鸟也可以剥皮，但是如果想最大限度保持体力的话，则应拔毛，因为鸟类脂肪都储存在皮下，很容易在剥皮过程中损失。鸟身体温热的时候，拔毛比较容易，但开水可以让坚硬的羽毛变得松散。保存羽毛，用来保暖。如果时间匆忙，体形较小的鸟儿，比如鸽子，可以简单开膛，用锋利的刀子割下胸脯上的肉。较大的鸟应整只烧烤，或将身体和腿分开。仔细观察鸟嗉囊（一种消化囊）的内侧，确定它们吃过什么，以判断应当用什么作为陷阱的诱饵。

鱼类

鱼拖出水之后，应尽快掏出内脏，因为它们容易变质。让鱼的肛门远离自己，挤压其腹部，以清除食物，之后从肛门到颚部剖开，注意不要划到内脏。必须把鱼抓紧，因为它们非常光滑。掏出内脏，确保鱼鳔（脊柱下方的薄膜）已经刺穿并取出。现在，鱼就可以切片烧烤，或带皮蒸了，肉则在鱼做好之后剔除。

多数鱼类的皮也可食用，但首先应从头至尾用刀子刮掉鳞片。将鱼切成片时，切下鱼头、骨头、鱼尾和鱼鳍之后，就只剩下鱼肉和鱼皮了，鱼肉和鱼皮不会很快变质，也更加容易风干保存。

将鱼切成片时，要切开鱼鳃后面的肉，但不能切断脊骨。以同样的方式，环绕鱼尾切片。在肋骨和肉之间滑动指头，慢慢剔下脊柱两侧的肋骨，使骨架变松。大鱼需要在各肋骨之间做标记，逐个剔下。鱼头、鱼骨和鱼尾现在已经分离出来，只剩下鱼肉和鱼皮。

从左边开始，沿着箭头：掏出鱼内脏；取下鱼鳍，绕鱼尾和鱼头环切；从骨架上剔下鱼肉。这样就会得到没有骨头的鱼片。

图 80　将鱼切片

体形很小的鱼，在取出内脏之后，就可以整条（连骨头在内）烹煮，这样能保持尽可能多的营养物质。有些鱼则需要去皮。鳝鱼就是这样一种滑溜溜的动物，如果把头固定在木头上，然后用工具箱里的剪钳，像脱湿袜子一样刮掉皮，这项工作就更容易完成。蛇类也应当以这种方式去皮，并将其头部和一大段颈部切下埋掉。

海鲜

浸泡在盐水中虽然并非长期的保存手段，但所有贝类水生动物和甲壳类动物，如螃蟹和龙虾等，都应如此保存，直到需要时再取出。任何过夜的东西，都可像螃蟹、龙虾那样保存，较小的贝类水生动物保存时间稍长一些。在没有冰箱的情况下，较小的贝类动物，必须在活着的时候在残炭余火或沸水中烹煮。甲壳类动物应直接投入滚烫的沸水中，煮10～20min。我们可能会在没有开水的情况下抓到庞大的甲壳类动物。螃蟹必须刺中其甲壳下面的面部，龙虾则可以通过“X”形头顶刺中。我通常刺中之后立即烹煮。从它们的钳子和龙虾的尾巴中都能找到白肉。螃蟹体内可找到褐色肉，但应首先剔除灰色的蟹触、腹部和嘴部。烹煮这些小怪物之前，在处理过程中，最重要的就是要避开它们的螯，如果真被夹住了，就往里面推，而不是向外拔（这通常是人的第一反应）。

用随身携带的设备做饭

有时候，食物必须只被视为能量。所有能吃的东西都扔进一口大锅里，煮成一锅汤，或者部队上所说的“大杂烩”。这通常是最大限度利用口粮的方式，浪费率最低：温热带怪味的液体，保存了大部分热量，而不浪费任何东西。其优势在于，只需要一口锅就可煮出来，几乎不用怎么做准备，很快就可以做熟。这种食物容易食用，而且由于它像“婴儿食品”一样黏稠，也会被身体很快吸收。部队“大杂烩”通常放有咖喱，因为这种粉末状调味品会遮住混合物各种原料的怪味。

预制的林间食物寡淡无味（虽然在行进途中非常实用）。但是如果花点儿时间来发挥想象力和创造力，小小的蒸煮锅也可以和一些传统的篝火烹饪技术及天然调味品结合使用，做出各种激励斗志的美餐来。

炖和煮

只要有带盖子的罐子，炖汤就是尽量保持原料精华的好办法。野味身上一些难以切动的地方，比如前腿，就需要好好炖。我们所熟悉的根茎蔬菜，其野生旁亲也需要煮久一些，以便处理它们那“木头似的”外皮。蛋白质的非常规形态，例如蠕虫和昆虫，可以烘干，磨碎并放到汤里，提供各种急需的营养物质。

通过烹煮，我们很快就可以将贝类水生动物和大型甲壳类动物做熟，还可为水消毒，但应注意，烹煮食物时，时间不宜过长，否则营养物质会受到破坏。烹煮还可释放出高能量根茎中的淀粉，淀粉经过过滤烘干，可制成面粉。煮过蔬菜的水，除非被泥土弄脏，否则绝不应倒掉。将其保存起来，和肉汁及新鲜药草一道做成可口的勾芡肉汤。如果晚宴上有贵客，你还可以添些野草莓做成“什锦汁”，做一回大厨。

像在家里那样，改变烹煮温度，这一点极为重要，因此，高度可调的吊架是理想的选择。即使我们只是将锅移到火的一侧，而不是使其直接受热，都颇有效果。

如果你恰好在海岸附近，要使汤变得更浓并提高其营养价值，可添加用根茎、坚果或一些变干的地面可食用种子所制成的面粉。

真正的户外大厨，会在将肉放入汤里之前，先煎炒或烤一小会儿，用面粉密封，从而让肉“上色”，此外，他还会对蔬菜及野生菌类的烹煮时间进行准确计时，以防其过熟或半熟。

油炸

马口铁罐有时带有盖子，这个盖子在面朝下时，可用作煎锅或长柄煎锅。用此类不锈钢制成的盖子或煎锅，在冷火或余火上做饭时要格外小心，避免烧焦食物，毁坏煎锅。煎炒是高难度烹饪技巧，之后需要进行多次大量清洗工作。但是我们应当想到，清晨第一件事，就是熏肉、鸡蛋或丛林三明治这种英式早餐的香味飘散在林间，真是最大的享受。如果你喜欢吃油炸食品，又不介意加点重量，那么，带金属手柄的高边黑铁锅，在利用余火直接做饭以及制作前文提及的草莓“什锦汁”时，极为有用。

马口铁罐烘焙

用篝火制作面包，是一种很有价值的技巧。我们可以大量携带面粉（原料），而不用担心它会过期（但必须干燥密封保存），旅途中找到的任何野生调料，都可与面粉混合。

我们可用金属锅通过多种方式烘焙乡村面包，但首先要做的是和面。用马口铁罐套装的煎锅或长柄煎锅盖子，舀出所需的面粉。面粉的量主要取决于面包的大小，我在这里不能明确规定，因此，实践和错误就是你的导师。将手指插入面堆中心，使其成为小小的火山状。倒入少量水，用手将面粉和水混合在一起。面粉首先会形成黏结的混合物，在揉搓之下，会变得容易拿起和移动。如果混合物还是不黏稠甚至呈水状，添加一些面粉进去。相反，如果混合物过干，则应加少量的水，直到形成黏结的面团。

揉面时，加入采集的野生调料。撕碎的野生大蒜叶和少量剁碎的蒜瓣，就可制成美味的涂有大蒜调味的奶油面包片，蒜香可以飘散好几里。磨碎扬净的野生种子，较大的香蒲种子，部分烘烤的山毛榉尖果或野生夏季水果，都非常不错，既可改善味道，又能提高营养价值。不断揉搓混合物，同时在火上预热马口铁罐。

将马口铁罐用作悬挂烤箱，在铁罐上涂上一薄层油，或在其底部抹上面粉。将揉好的面团压入锅底，盖上盖子，将铁罐挂在火上。温度必须很低，衡量恰当烘焙温度的最佳方法，是把手放在篝火上方进行测试。必须在将手撤回之前数上五秒，这样的温度正好合适。如果数到 10 还不需要撤回手，那就必须将锅放低，或给火堆加柴火（不言而喻，你必须自己来决定火的温度是否太高，进行此种尝试，以及判定何时要撤回手）。密切观察火的温度和缓慢烘焙的面包——不时地翻转面包，观察其底部的色泽和质地。用一根手指轻轻地戳，观察面包是否开始变硬。底面熟透之后，用铲子将其翻转，烘烤上面。测试面包是否烤好的最佳方法，是用手指轻敲。如果敲击的声音沉闷模糊，就继续烘烤，但如果声音尖锐且内部有点空心，那么面包就已经烤好了。

将面团放入小锅，然后将小锅放入大锅，中间放少量鹅卵石以留出空隙，这样，两个嵌套的锅就形成了简单的烤箱。将大锅盖盖在两口锅上，把锅放在余火底部，在周边和盖子上不断翻动铲子，这样各个角度都可以均匀受低热，就像普通烤箱一样。小面包干和薄饼都可以在煎锅或马口铁罐长柄小锅盖子里面烘焙。

无炊具做饭

不是没有锅就不能做饭！在没有锅的情况下，我们有多种方法可以做饭。

串烧与烧烤

烤面包时，取一根绿色的无毒木棍，刮净树皮，以消除任何表面细菌。在火焰上快速转动木棍进行预热，同时进一步消毒。将面团揉成长条，绕着热烫的木棍扭成螺旋状，各节之间留出一点缝隙。将棍子放在余火上进行烘烤。只要面包条不太重，厚度也不太大，并且黏度合适，它就会黏在木棍上，在手可以暴露 5s 的温度下烘烤大约 20min。敲击面团，判断是否有空心的声音，如有就表示面包已经烤好。

“将木棍架在火堆上”这种方法，也可以用来烤肉、烤鱼。大量的肉都可以切成块，像羊肉串那样很快烤熟。体形较小的鸟儿，比如鸽子，拔毛后可以整只穿在坚固的木棍上，就像中等大小的鱼类一样。在余火上烤鱼片时，较好的一种方法是制作一个简易的绿木烤架，将鱼牢牢固定起来，并在烧烤过程中为其提供支撑——这种方法就称为烧烤。将肉架在手可暴露 5s 的高度烘烤，直到肉变成金黄色。在煤上直接烤时，对柴火的选择非常重要，因为它会影响肉的味道，所以，应当选用无毒硬木。桤木、橡木和果树木材，会增加淡淡的烟味儿。松木等多脂木材则会让肉带有松香味！

铺木板

木材还可用作在火堆旁边做饭的面板。从容易切割的绿色硬木切下一段木材，例如柳木或槐木。尽量避免使用松木等多脂木材，绝不能使用有毒木材，如紫杉木或冬青等。将木材劈到中间位置，用小小的楔形硬木钉子将鱼或肉固定在木头的平坦面。楔形钉必须与木材纹理平行固定。然后，只要将木材放在邻近火堆的位置烹饪食物即可。这种方法在肉很薄的时候尤其有效，比如熏肉和鱼肉，还可在用面团做长条面包时使用。

叉烤

这种做肉的方法最具视觉效果，但却很浪费，因为肉中颇有价值的脂肪在烤肉过程中会滴下，在火堆里燃烧。克服这一点的最佳方法，是在烤肉叉一端点起两堆火，并在待烤的肉下方放一个盘子，来盛脂肪。这些脂肪可以不断涂在肉上，防止肉变干。叉烤法需要消耗大量的木材，特别是在烤体形较大的动物时。中等大小的鹿在烤熟之前，也要4～5h来涂脂转动，因为成功的关键就在于：抵当将其吞下的欲望，在小火上慢慢烤熟。

从左向右：面团缠在木棍上；叉烤野鸟；熏肉用木钉固定在地面的木板上；鱼片在余火上烤。

图81 多种无炊具做饭方法

蒸

蒸是所有烹饪方法中保留营养物质最多的一种。用可食用的大叶子把食物包裹起来，避免使用剧毒的大叶植物，例如毛地黄。在做肉时，你可以先在肉里塞满野生草本植物来入味。野生大蒜、酸模和碎米荠是我所钟爱的几种。在余火上铺上一层厚厚的潮湿苔藓或海藻，把包好的食物放在上面，然后用一些潮湿苔藓覆盖，再用余火掩埋过顶。黏土也可用来包裹食物包，但应注意，它们在烧的过程中可能会炸开。让食物包蒸1～2h——时间并没有那么重要，因为食物不会变焦。这种方法很适合做鱼肉，小肉块、根茎和贝类水生动物，贝类动物不用包裹起来，带壳蒸就可以了。

火灰中烧烤

这种原始的做饭方法会让你激动不已，拿着燧石尖矛不停地用底端敲击长毛象的象牙。这种方法不需要任何专用厨具，只要一堆火就足够了。轻轻将柴火取出，只留下热灰，把食物放在灰里烧熟。任何燃烧的柴火都要取出，因为食物直接接触时会烧焦。地下及周围灰堆储存的热量，用来烧烤食物。香蒲（大香蒲）和牛蒡等较大的食用根茎，可带皮烧熟，食用时打开坚硬的外壳，吸出蒸熟的纤维里面所含的淀粉。较小的根茎，如无花果毛茛、蓟和羽叶委陵菜等，烧熟之后，只要擦干净灰就可以整个吃下去。简单的平板面条就可以在火灰里烤熟，这让它们赢得了“火灰焙制的玉米饼”的名字。

贝类水生动物无论大小，将壳翻转后放在热灰里也能烤熟，甚至蛋类也可以用这种方法来做，在顶部刺一个孔，然后将其带壳烧熟。顺便解释一下，这个孔非常重要，它作为降压阀，可以防止蛋爆裂。火熄灭之后，较大的蛋还可以直接在滚热的地面上打破，这样就可以做成火灰摊蛋饼，它的味道比听起来要好得多。使用这些方法时，应确保从烤熟的食物上擦净柴灰，因为除非实在不能避免，否则你肯定不愿意把灰吃下去。

热石做饭

岩石受热时，可以长时间保存许多热量。但你必须避免让岩石过于湿润，也绝不能用玻璃状或片状的岩石，因为这样会有爆炸的危险。所有的岩石都含有一定水分，即使触感干燥也一样。含水量过大，岩石可能会在内部水分急剧受热的压力下炸裂，造成红色的高温岩石碎片像榴霰弹那样飞散。选用干燥、平滑、坚固的岩石，把它们放在火堆旁边，慢慢向里移动，使其渐渐受热。

邻近火堆较大的扁平岩石，可用作烘烤面包等食品的高温板，小鹅卵石加热后扔进防水容器，在里面煮沸液体。如果防水容器不能防火的话，这种方法就很有用。将发烫的岩石扔进去之前，擦掉上面的灰，并用现场制作的木钳或铲子搬运，因为它们的温度很高——足以烫伤双手的肌肉。

我最喜欢用的热石做饭方法就是挖个小坑，这个坑可作为与高压锅交错使用的地下烤箱。首先挖一个坑，其深度足以放下要烧的食物和热岩石层，并留出大约 25cm 的空隙。坚硬的黏土状土壤最佳。沙质土也可以，但要避开潮湿的地面，因为这会从热岩石上吸走大部分热量。避开可能易燃的地面，如树根或泥炭密布的土壤，并清除易燃干燥的地面覆盖物和周围植被。

在小坑上铺一层硬柴，然后在上面点起火堆。不断向火中添柴，当火烧到一定程度时，添加足量的岩石，使其铺满坑的底部。让柴火落入坑内燃尽，使小坑和岩石受热。铲出余火，把食物包直接放在热岩石上面。大片的肉不用包起来。拨动岩石，让一部分石头位于食物上面，然后用木棍、编成的草席、苔藓制成的毯子或大片叶子构成的框架把坑盖住。之后，挖出的土要放回顶部，盖住简易的盖子，并保住坑内的热量和水分。加热时间各有不同，需要通过多次试验来确定，但我发现，如果地面条件良好，而且岩石加热到开始冒气的程度，那么烧熟两大块鹿肉，通常只需要 2h。

应注意：即便是食物已经烤熟并取出，标记地下烤箱的位置也极为重要，因为这样可以防止其他成员误打误撞踩到上面。

除了使用常规的炊具做饭，我们还可以采用这些原始而又简单的方法来做饭，从而扩大了在固定营地的活动范围，也减轻了厨房的负担。一些做饭设施搭建好之后，你就不用再管，可以去做别的事情了。至今全球各地的人们仍然在经常使用这些方法，就我看来，石头烤箱是唯一一种烹饪鹿肉等干肉的方法，从另外一端将其取出，烤好的肉水分多而又可口。这种方法，比任何现代风机烤箱都要好。

保存食物

如果你不打算一次性吃光所有食物，那么，野外缺乏冰箱或冰柜，保存食物就会成为严重的问题。我们必须再一次求助于传统方法。在寒冷气候条件下，冷存甚或冰冻食物，都不是什么问题，只要让食物远离饥肠辘辘的食腐动物就可以了。但在温带地区，我们必须立即采取措施，延长任何易腐烂食物的保质期。尤其是肉类，因为在温暖湿润的环境下，肉类会很快腐烂。

一种临时方案是找到营地里最凉快的地方。这个地方可以是有冷风吹过的永久性阴凉地，但最好是流水的水源。如果刚好有防水容器在水底储存食物，并防止其成为鱼的美餐，这种做法可以提供类似冰箱的环境。一定要把它牢牢系到岸边！

如果有一张牢固的防虫网，那么你可以轻松地做一个临时悬挂食品柜。用木棍作为支撑，把这个食品柜挂在远离地面的阴凉处，并确保苍蝇不能飞进去，甚至靠近食物。用潮湿的棉料盖住柜子，通过蒸发过程可以使食物更冷一些。但你需要采取措施让这种材料保持湿润。

这些方法尽管有一定效果，比什么都不做好得多，但也只能延缓食物的腐烂过程。

熏制法

乡村的熏肉法，并不是一种长期保存的措施，但烟熏环境的确有助于将肉、鱼和其他易腐食物风干，还可赶走产卵昆虫。如果你刚好在固定的营地，营地又有持续的闷火，那么最简单的方法就是把食物挂在头顶有烟的屋檐下，或篝火烟尘集中的地方，到用的时候再取下。食物会变干，表面则出现一层保护性的烟熏层，确保食物能保存得更久。温度绝不能达到肉中的脂肪开始融化并滴下的程度，而且你必须注意，不能向火堆添有毒木柴。历史上，一些地方用充脂材熏肉，使肉表面形成一层柏油烟熏保护层，但我可以想象，吃这样熏制的肉就像在咬浸过柏油的木板。

晒（晾）干

晒（晾）干是保存食物最古老的方法之一，可以帮助猎户度过困难时期，并充分利用猎物暂时吃不了的部分。脱去水分还可以极大地减轻重量和体积，从而使干粮成为轻装野外旅行者的最佳选择。

在热带地区，太阳就是晒干的媒介，放在太阳下的肉，很快就会变干。在气候较为温和的地区，我们就需要创造人造温暖干燥的环境，让肉中的水分变干。其要诀在于，将肉切成薄片，这样它在腐烂之前就已经变干了。（非柑橘类）

水果和野生菌类也应该用这种方法处理，鱼可以切开，保留鱼皮，内层切出条条沟痕，以加速晒干。在固定营地上，肉类、鱼肉和真菌还可以穿起来挂在篝火上烤干（而不是烤熟）。尽管这样做会大量缩水，但所有热量和营养物质都保留下来，水果中富含的糖，在水中浸泡之后也会恢复如初。菌类和水果要在水中浸泡至少一天才能恢复到最初的体积，而干肉则可以直接食用，只是咀嚼的时间要长一些。在把肉挂起来晒干之前，可以塞入一些药草和香料，这样吃起来会更香。

干肉还可制成干肉饼，这种饼富含能量，能以其较小的重量提供最大限度的热量。历史上，这种干肉饼很适合那些需要轻装快速行进但又必须携带足量食物的人——从早期的北美侦察兵，到近代的极地探险者。肉被捣烂，并同骨髓一起碾碎，再和等量的动物脂肪及干草莓混合，然后揉成小球。这种“多合一”套餐通常密封在生牛皮袋里，不会受潮，很长时间（甚至数年）之后仍可食用。它们既可生吃，又可加到丛林中可找到的其他食物中。

第十章

绳索的制作

利用天然纤维制作绳索

制作绳索及采集适当束缚材料的能力，比你所想的更有价值。回头浏览本书各章，你会发现，细绳、绳子、绳索、鱼线、捆绑物，甚至鞋带，都出现在各章节的字里行间。绳子是生存训练的常规部分，因此，了解如何有效利用现有的绳子，以及没有人造绳索时如何制作结实的替代品，这一点至关重要。

以掩蔽所施工为例：可能的情况下，施工过程中都会避免使用绳索而仔细选择带天然分叉的木材，但偶尔会用到结实的绑索，而这通常会迫使施工人员牺牲自己设备上的绳状物。了解哪些自然资源可用作坚固的束缚材料在此处极为关键，因为鞋带或裤带等一旦用在掩蔽所框架内，就再也看不见了，而我们永远需要通过脚步声和呼喊声判断居住者的身份。同时，在着手处理木工活需要连接两段或多段木材时，牢固的绑缚和绑索至关重要。深入了解如何打结和绑缚，以及哪里可以找到合适的纤维，我们就可以做桌椅、条凳和餐具柜等。

赶制的捆绑物和绑索非常重要，但生活中较为精细的东西又该怎么办呢？将合适的植物纤维拧成一根绳索，会帮助你设置触发式陷阱或原始武器，可用于固定仓库。草席和篮子是编织而成的，可在营地多种作业中使用，长长的超细线，则可用来织网和制作钓鱼设备。

粗制绑缚

绑扎材料不必像绳子或绳索那样柔软。在一些情况下，半粗质地更有利于完成任务。煮锅三脚架、承重营地家具和部分陷阱上的绑扎物就是很好的例子。典型的绑扎材料，可以很快收集到，无须多少准备工作就可使用。它与环境配合得丝丝入扣，可以像其他天然材料那样用很长时间，最终成为甲壳虫的食物。

❁ 细条

大部分落叶林中都有可以找到制成细条的材料。这种轻巧的传统绑扎材料，体现了丛林居民与自然环境和谐相处的理念。我们可以选择有柔性纤维的树种的细长树苗或枝条。柳树、栗子树和榛子树就是几个主要的例子，这些树通常从萌生树干或掉落的树枝上长出又长又直的枝条。这些枝条是制作绳索的主要部分，如编织篮子和篱笆，它们都要求木材长度较长，而又易于弯曲。这些树长得也很快，只要枝条修剪得当，对它们就不会有太大影响。

找到生长期最长的枝条，手伸向朝阳一侧。避开那些有明显节点或严重偏离枝条的树枝。尽可能让其留在主干上，然后用夹子在一端开始旋转。荷载较大的任务，需要重荷细条，但除非你有大猩猩那样有力的臂膀，否则不要试着去扭转比你拇指更粗的枝条。顺着同一方向，继续扭动枝条，直到感觉到纤维已经彼此分开，发出“噼啪”的声音。当你将某一部分扭转至似乎有完全断裂的危险程度时，小心地沿着枝条移动，然后顺着之前的同一方向，继续扭动。沿着枝条继续扭动，直到整条都已经扭转，纤维在没有受损的情况下分离，然后将其从主干上砍下（冬季木材柔韧度较差，这样做会困难一些，但并非不可能）。

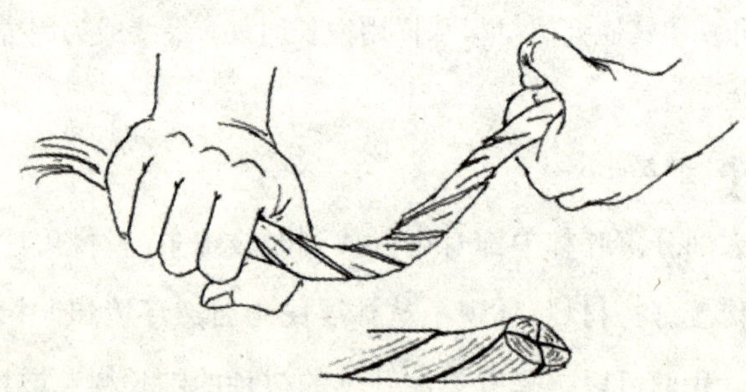

注意纤维是彼此分离，但沿枝条方向完好无损，将一根木棒变成一堆细细的纤维，这样它的柔韧度就会高得多。

图 82　扭转枝条

圆熟的枝条扭动技巧需要时间来练习，因此继续扭枝条吧！我认识的一个人，在紧握树苗时，用全身的力气来进行想象中的扭曲柔道训练。当他的无形对手最终被击败，并开始倒下时，树枝就已经扭好，可以用来捆东西了。但不幸的是，这时候，他已经没有力气来捆东西了。

❋ 树根

某些针叶树种的树根极为柔软，数千年来用于缝合树皮和绑缚柴火。云杉树根最为人们熟知，使用也最为广泛，但任何针叶树种都值得一试。如果你恰好在落叶林里，那么白桦树根也可以用。你搜寻的真正目标，是从较大较明显的根上分出来的细“小根”。这种根为 2～15mm 才可使用，它们在泥土里纵横交错，离地面并不太远。用一根削尖的木棒或鞋跟四处挖，直到发现一根这样的树根，通常不会花太长时间，因为针叶林中的地表土一般都很松。找到之后，小心地继续往下挖，直到找到其源头或细长的末端。注意，不能从同一棵树下挖太多这样的树根。它们自有其作用，树虽然可以牺牲一部分，但挖出太多，却会对树造成影响！

此类树根不需要扭转来分离纤维，因为它们从土壤里挖出时，柔韧度就已经足够了。你可以轻轻扭动那些特别硬的部分，因为它们会成为弱点，在绕某个角落拉紧或急剧弯曲时可能断裂。树根在出土之后会很快变干，当树根变得越干时，柔韧度就越差，但可以将其浸入水中使其“补水”。枝条也同样如此。开水会让它们变得非常柔韧！

用新采集的树根绑扎的粗制绑索，随着变干枯萎，会变松少许。精细物件所用的树根绑索如果必须尽可能保持绑紧状态，则可以进一步进行处理。将整个树根从两个半尖木表面之间穿过，或用刀背刮掉脆性树皮。树皮下光滑呈淡黄色。要制成平整高强度的绑索，应将树根纵向一分为二，这样就可以留出一个平坦的表面，该表面与物件紧紧相抵。使用之前，它还应烤干，之后稍加湿润，就像编篮的人处理自己保存的柳钉一样。

❁ 分根

要分开树根，用锋利的刀片小心地切入一端，将树根一分为二。用双手的大拇指和食指夹住这两半，然后轻拉使其分离。在某个时刻（或许是开始后不久）其中一半就开始变尖直到没有，只给你手中留下一段没什么用的树根。这个问题可以通过这种方式来解决：注意到出现不均衡之后，只拉动较厚的一半。切缝回到中间时，再次均匀地拉动两半。通过这种方式，整个树根可以纵向分开。如果树根很粗，而你的手指又很灵活，那么你还可以将它切得更细。要增强树根或枝条的柔韧度，可以使其绕着木杆来回摩擦，破坏木纤维，但又不让其断裂。

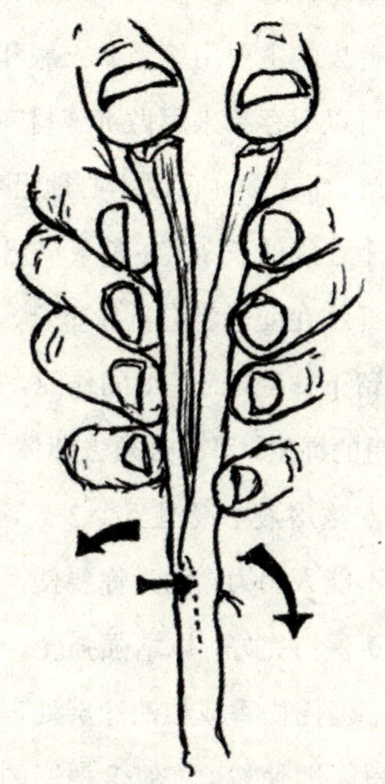

如果裂缝出现偏差，那么应将拉力集中在较厚的一边，直到裂缝恢复到中间。

图 83　小心拉开即可分割树根

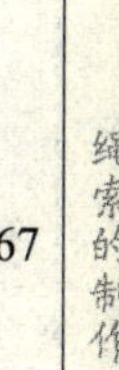

❋ 兽皮

捕猎与设陷阱的多种副产品之一就是兽皮，兽皮有着极其广泛的用途。生皮是从肉上刮下并晾干、但未经固化或软化的兽皮。生皮在变干的过程中会收缩，因此可以作为极佳的绑缚材料。植物纤维各自单独收缩，就使得这种绑缚材料萎缩，在拉紧处留下空隙。生皮会整个萎缩，这就意味着绑索和绑缚会绕着物件进一步收紧。

毛皮和厚兽皮的主要用途是做衣服和铺盖，但兽皮废料或弄坏的皮肤可以保存起来用做绑缚材料。使用兽皮的妙处并不在于其强度，而在于你可以小心地沿着一个不断缩短的螺旋切割出一个连续的长条。在长条仍然潮湿的时候，将其拉直，这样，纤维在变干时会重新整合，成为笔直的长线。粗制绑索可以留下体毛，而精细的作业，如将矛头固定在杆上，或制成更粗的绳索，那么必须去掉体毛。要做到这一点，应将兽皮在木灰浓溶液中浸泡至少 3 天，之后，毛就很容易脱下。去毛时不能太用力，因为你要使“纹理”（第二层皮，位于表皮之下）保持完好，以增强强度。生皮绑索在湿润之后会再次变软，但用松香或柏油涂层处理之后，可具备一定程度的防水能力。即使被迫在富含树脂的松林中熏过，也会有所帮助。

❁ 内皮

许多树都具有柔韧的内皮（有时称为“树内皮”或“韧皮”），它们可用于制作粗制绑缚材料。柠檬树、柳树、雪松和榆树都很合适，但只有在春夏两季才能收集，这段时间树液可以自由流动。选择分叉很少的长条绿枝，从树上取下。树枝的外皮必须平滑，所以应为新枝。那些已经倒地但仍继续生长并朝上抽出新枝的树，最为适合。沿着整条树枝切穿外皮和内皮，并将其从树上剥下，就像脱外套一样。树皮伸展开来时很宽，在新鲜的时候非常柔韧。如果要用作粗制绑缚材料，将树皮切成细条直接使用即可，但如果花时间进一步进行处理，去掉薄薄的外皮，那么它的柔韧度会大大增强，而脆性则会相应降低。用刀背或类似的半锋利物边缘以这种方式刮下。

用粗绳打结和捆扎

绞合的树苗、树根和内皮绳，也需要打一些简单的结。这些扣结和半扣结并不复杂但很有效，能够很好地补充粗制绑缚材料。绑索中如果使用了潮湿的生皮，则应避免打结，因为它如果在湿润时承重，就可能滑脱。但是，如果柔韧程度很强，可以打出下文所示的更加复杂、牢靠的结。

❁ 双套结

将绳子固定到木杆上的一种并不复杂的结。还在制网和打方回结时使用。

❁ 系木结

最简单的打结方法。只需套一个圈，然后把活动的绳头绕起来，这样，在将拉紧之后，结就会抵紧木杆（活动绳头即绳子活动的部分，用来拉结）。必须始终拉紧，适用于粗制绑缚材料打简单的十字结。

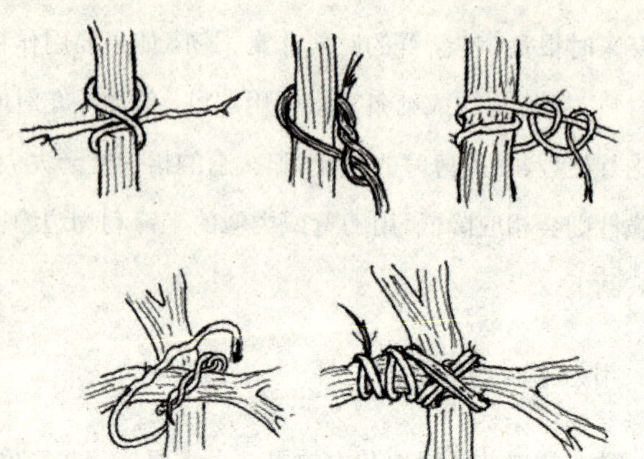

从左向右：（上）双套结；系木结；旋圆两半结；（下）简易十字编结的两个步骤

图 84　粗制绳索与扣结

❁ 旋圆两半结

将绳索固定到木杆上的一种简单而又结实的结。用粗制绳索完成任何简单捆扎的最佳方式是两半结。只需在木杆上绕线，将活动绳头穿过转弯处，拉紧并不断重复，直到绳子用完。

❁ 简易十字结

这种结适合较短的天然绑缚材料。先打一个系木结，然后将其余的绳子绕着连在一起的圆材对角缠绕，拉动转弯处使其美观紧凑，第一圈之后再绕一圈，至少应打两个半结。

适合制作绳索的纤维

自然世界中可以找到多种能够制作细绳和绳索的纤维，一些看起来就很像绳子，另外一些则完全不像。就植物纤维而言，原材料长度非常重要，因此，较高的植物，应为首选。纤维在未经加工时，还应呈现出部分基本特性，比如应能大幅度弯曲，而不会断裂。我喜欢将许多纤维缠在手指上，然后用力拉，看它们是否会断。这样可以粗略衡量它们在承重以及用来打结捆扎时所表现的性能。一旦你了解应当寻找哪种纤维，那么如果你在世界上其他地方找不到类似替代品的话，就会束手无策。

我们可以列出大量适用的纤维。下面只列举几种。

❁ 荨麻和野蔷薇

戴上手套收集荨麻，然后握紧拳头拔下刺并摘下叶子。野蔷薇茎则应抵紧木头，踩在坚硬的靴底下用手拉出。轻轻捣烂野蔷薇茎，取出纤维，并软化坚硬或突出部分。剥开茎，并从外部纤维中取出坚硬的髓心。在重新湿润这些纤维用来制作绳索之前，先将其晾干。纤维如果在刚剥皮之后就使用，那么做成的绳索就比较软。这两种植物都能制成极为坚固的绳子。

❁ 香蒲茎和忍冬花茎皮

这两种材料都是薄薄的纸状纤维，需小心梳理，并小心地制成牢靠的绑缚材料。此类植物的外皮无须其他作业即可自然剥下，此外，如果你使用已经枯死的纤维，那么将其稍加润湿并搓成柔韧的绳索之前，不必晾干。

❋ 内皮

相比较其他纤维而言，树内皮的加工过程要稍多一些，但这样做却非常值得，因为它们制成的材料极为坚固，而又很柔软，此外，由于其长度的原因，它还有一个优势，就是接点较少。欧椴树可以生产优质纤维，这有着悠久的历史。柳树、甜栗树和橡树也是不错的选择。

要采集纤维，必须从幼树光滑的主干上取下一长条树皮，如果操作时非常小心，只是取下一个长条，而没有切断营养物质的通路（通过“环树”的方式），树还可以活下去。但由于这样做可能对树造成损害，因此只能作为求生方案。另外一种方案，是砍倒一棵小树，或从树苗上剪枝条，将所有的树皮用来制作绳索，而将木材用于其他作业。夏季，树内皮、外皮在用锋利的刀片切缝并从树上小心取下时，很容易剥下来。要取出内皮纤维，只需用钝刀刮掉薄薄的外皮即可。较老、较厚的树皮，要在水中泡一段时间才能将纤维取出，这种方法称为“水浸脱胶”。所有的内皮纤维都必须晾干保存，使用前需湿润。对于倒地枯死的欧椴树或甜栗树而言，在它们易于剥除的树皮下有时可能会有保存完好的干纤维。

❋ 树根

如前文所述，许多针叶树种都可以提供坚固柔韧的资源。要将这些东西搓成绳，必须先剥掉树皮并将其破开。我自己更倾向于用半圆的长条来编牢固的条带，而不是卷成圆截面的绳子。

❋ 兽皮，肌腱和内脏

兽皮加工成生皮之后，可以湿润并制成自然界中最牢的绳索。要是用于快捷简易的作业，如弹性绳套阱的绳索，我们甚至不用将其做成两股，因为在湿润状态下拉紧揉搓时，它就会形成圆截面，之后可以继续揉搓拉紧，使其变干。但由于它会在湿润时又变得光滑且有弹性，所以必须通过某种方式防水，无论是用松木熏，还是用木焦油或动物脂肪涂敷都可以。

多数普通大小的动物，其小腿和背部中的肌腱，由于尺寸适当，很容易制成最牢固的纤维。背部肌腱可从腰椎骨的宽带中取出，而且易于分成单独的纤维。腿部肌腱为管状，长度要短一些，但强度更高，需捣烂才能使纤维分离。这两种材料都可以晾干，到需要时再湿润，形成黏性保护层，该保护层可在纤维变干时将其连在一起。这种质地使它们非常适用于小型捆缚作业，如将石头固定在梭镖投掷器上，它们还可用作牢固的缝线。

动物内脏也可用作精细的弹性绳索，它会随着变干而缩短。阿拉斯加州的爱斯基摩猎人，处理完北极熊和髯海豹的内脏后，会用鲸的肌腱将其缝合在一起，制成防水的大衣。

制作绳索

多种方法可以制作牢固的绳索。其目的在于，将纤维合在一起，使其比单独的纤维更加牢固。以数量提高强度！要减少薄弱或脆弱的地方，你就应确保纤维以相同的数量按照同一种方式沿着整条绳子连在一起。所有天然纤维都有脆点或较细的部分。这些地方在受力时，通常容易拉断。纤维经过精心处理后，这些脆弱区域即可得到强化，整体强度也会提高。

❋ 用手编绳

制作任意尺寸的两股绳时，这种方法都颇为理想。无论是制作细细的鱼线不是粗实的绳索，其原理都是相同的。首先，稍加润湿纤维，以便对其进行处理。取出一束，直径为绳索直径一半。从中间拿起，夹在双手的大拇指和食指之间，双手之间拉紧长度为 5cm。卷起右手大拇指与食指之间的纤维，使其绞在一起（舔一舔手指尖，手指就可以握得更紧）。握紧左手中的纤维，不要揉搓。很快，线在缠在一起之前，就变得很紧了。让线缠在一起，然后把扭结的线圈握在左手大拇指和食指之间。这个扭结的线圈，就是绳索卷制法的起点，沿着相反方向编织一半纤维束，沿相反方向捻另外一半纤维束。沿相反方向捻线，就会锁定这一结构，并防止其散开。现在，你左手上握有缠结的线圈，右手手掌上则放着直径长度基本相等的两股，然后将其拧在一起。

这时就需要精湛的技术了，请坚持一下吧！将上面一股线紧握在右手大拇指和食指之间，同时，将下面一股固定在同一只手的中指和无名指之间，形成“Y”状。这样做时，应确保两股线都被握紧，且都拉紧。只用大拇指和食指，进行前文所述的滚动编织过程，使线远离自己。直到纤维都紧紧绞合在一起，然后向身体后方转动右手，此时应使双手中所握的所有纤维都保持拉紧状态。现在，上股变成了下股，而下股则变成了上股。沿着绳子慢慢挪动左手，将着手点放到下一节，将其固定好，然后空出右手的两股线，接着，右手回到最初位置，像之前一样在两股线的新位置重新握紧（拧第一截线后，应当是通过将未绞合的线股沿相反方向从顶部撤回，将上股线的线股锁定到位。短时释放不会有太大影响，因为线股保持缠结状态）。

现在重复这一过程，拧动（新）上股线使其远离自己，同时使下股线保持拉紧状态，然后，再次朝向自己转动右手，用对面的线股将线股锁定到位。随着右手转动，沿着绳子移动左手，此时握紧新线股，并在双手之间保持较小的空隙，以便更好地进行控制。以这种方式继续交替进行，这样，不用太久，你就会得到一条短线，它的外观和手感，都和我们所熟知而又喜爱的现代绳索极为相似。最初看似需要技术的操作，很快就成为不假思索的连贯动作。

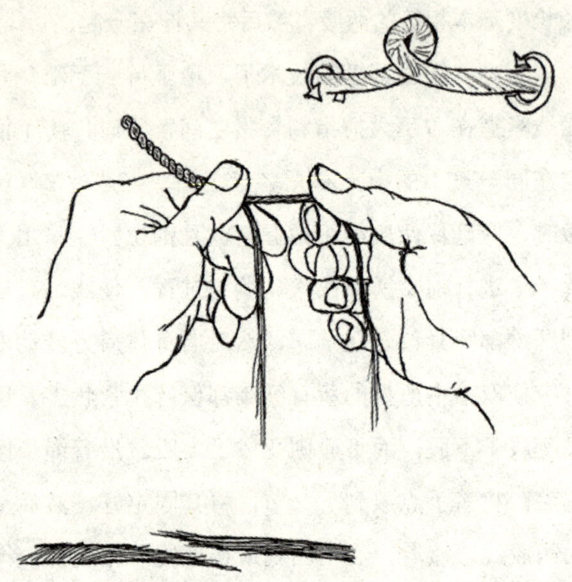

上图：将线股拧成扭结的线圈，作为起点，每个线束沿相反方向开始拧。

中图：拧的过程中，使所有线束保持拉紧状态，整条线应达统一。

下图：削减接头，这样可以确保整条绳子厚度统一——这也正是绳子强度的秘诀所在。

图 85　编织绳索

较大的绳索或绳子，需要更厚的纤维束或线束，但其握紧手法有所不同，要用到更多手指，还会涉及大量的手腕动作。先从直径较小的绳索开始，到掌握好技巧之后，再转而制作直径较大的绳索。

❁ 添加纤维

你最终会到线束或纤维束的末端。你可以无限添加纤维，将绳子延长到所需的长度。而你所要做的，就是在原有纤维束旁边，放上新的纤维束，然后将其拧在一起。这需要将上股和下股各自单独进行。其关键在于，错开接点，使弱点上的荷载“分散”开来，这样就可以避免出现许多问题。向上股添加纤维，然后，向另外一股添加。

密切关注绳索的直径是否一致，因为绳索较细的部分，在受力时会变成弱势区域。搓合的绳子，其强度的秘诀在于始终保持均匀。在添加新纤维时应考虑到这一点，并将接头的两面都削减，使它们在合起来之后，直径仍然保持不变。如果你认为绳子已经够长，那么可以在绳头打一个反手结，固定线束，防止其散开。

❁ 搓绳

在大腿上搓绳子纤维，是制作上述两股线的另外一种方法。稍加润湿纤维，以便紧握，用同样的方式进行处理，这样就可以产生开始加捻过程的长丝，在整个加捻过程中使厚度保持一致，此外，在变尖的线束旁边添加新的纤维束。但应错开接头部分！

在做好扭结圈之后，用大拇指和食指捏在大腿上，将线用大拇指及食指在大腿上捻，产生两个线头。舔一舔右手掌，然后在大腿上滚动两束线，用左手轻轻拉住绳子，使其远离自己，并让所有线束都保持绷紧状态。两束线应当自然地扭在一起，并牢牢固定。这种方法比手搓更快，但在你熟练之前，准确度稍差，可能出现不均匀的情况。这种方法仅适用于较细的绳子。穿短裤腿上又多毛的人：在此过程中得准备受苦了！

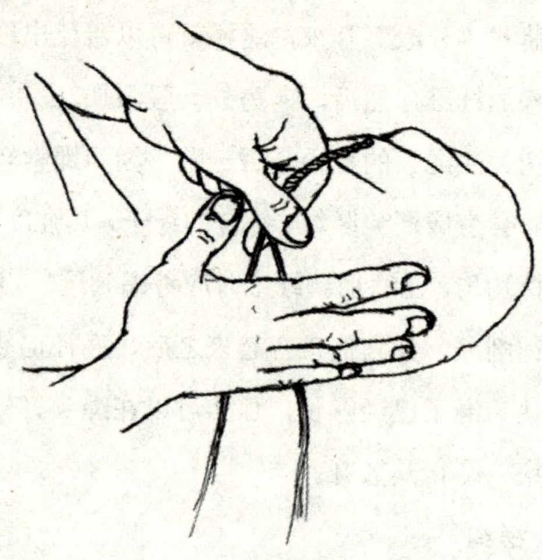

在大腿上搓绳是制作大量细绳的快捷方法。开始的做法，与捻绳相同，都是以扭结圈开始，此外，在搓绳的过程中，应使所有线束都处于紧绷状态。

图 86　用大腿和手掌搓绳

❋ 编绳子

这种简单方法，可以制作出比织成或捻制绳子的截面更为平坦的绳子，是制作条带的理想材料。取三束同等大小的纤维或线束，并排排列。在一头打个反手结，将这三束固定在一起，拿起右手中的纤维束或线束，将其与中间一束交叉起来，然后再与左手中的纤维束或线束交叉。现在，拿起左手的线束，沿相反方向送回，使其与当前的中间线束交叉。此时，右手中的线束与中间交叉，位于中间，接下来又轮到左外侧的线束了，继续编织，直到达到所需长度。添加纤维的方式，与前述两股绳添加纤维方法相同，但接头处重叠部分更长，且不应忘记错开这三束。

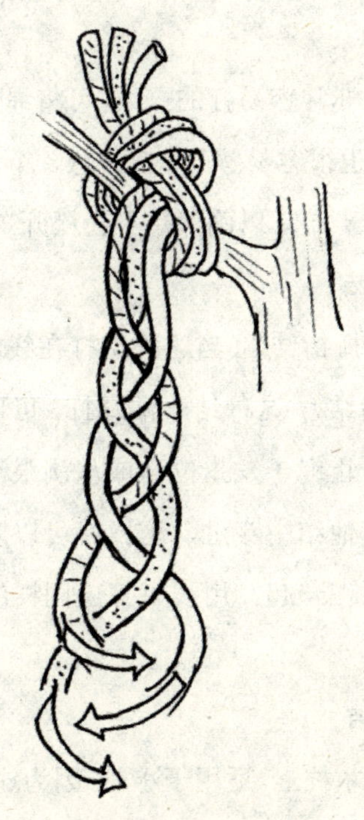

图 87　编织扁平截面的绳索

打结方法

我们可以打很多种结，用于不同任务。自 24 年前我开始走这条路以来，我曾经将同一套打结手法用于各种场合。掩蔽所一章中可以找到一些易于调整滑动又可快速解开的扣结。以下是其他“万用型”打结方法。

❁ 平结

这是一种非常容易打的平结，可将绳索以相同厚度连在一起。这种结也很容易解开。在任意一个活动绳头处打一个反手结或两个半结，以确保其不会松开。

❁ 反手结

又称为“拇指结”（当这种结打在线的一端时，我通常将其称为拇指结），这种结非常好打，可以在长绳一头轻松打成，能够防止绳子发生位移或从洞眼滑脱。它还可防止活动绳头从其他结中穿过，这样就可以防止其滑脱。两条绳子也可以系在一起，用线束打出同样的结，从而使其并排悬挂。

❁ 渔人结

可固定在木柱上。适用于小船，因为这种结有部分弹性。出于这一原因，我用它将弹性绳套阱绳固定到小树上。

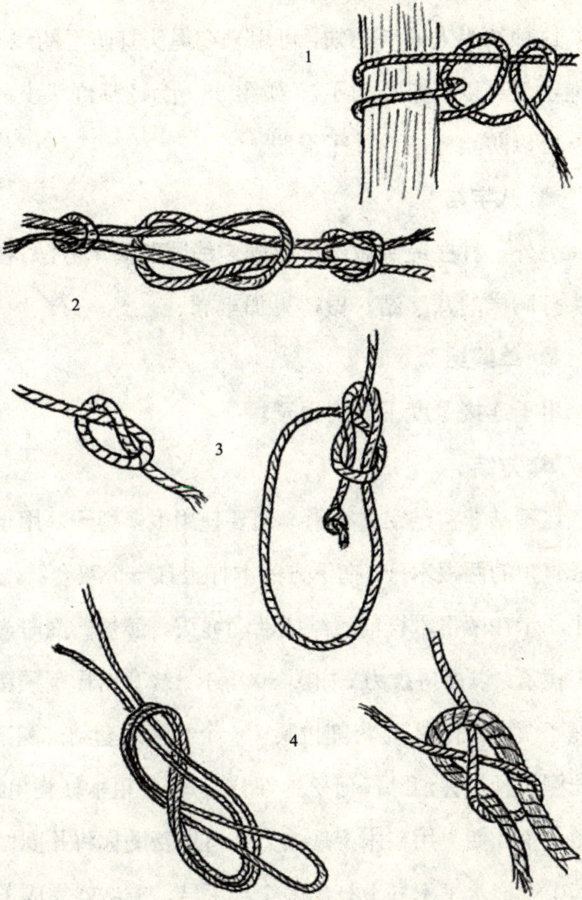

1

2

3

4

1. 平结；2. 渔人结；3. 反手结和布林结；4. 八字结和单编结

图 88　绳索打结的方法

❋ 布林结

这种结为人们所熟知，可用来在绳头打防滑的线圈。这样绳子就可以用来登山了。（如图 88 所示）活绳头上的拇指结，可以防止光滑的绳子滑脱。

❋ 八字结

另外一种在绳头做出牢靠固定线圈的简单方法。在绳子一头打同样的八字结，做得更加牢靠。

❋ 单编结

用于连接厚度不同的绳子。

❋ 方结

这种结非常结实、很紧，但要使用很多绳子，用于连接互成直角的两根木杆。在下方的木杆上打一个双套结，然后，按照图示在两根木杆前后缠绕活动绳头。缠每一圈时，都应尽力拉紧，以保持拉力。如图 89 所示，绕套结周围预留足够的绳子做成“扎圈”，将其拉紧（一个扎圈绕套结一圈，将相反一侧拉紧，并消除任何松弛部分）。围着粗木杆绕粗绳时，每做一个扎圈，用粗木棍敲击方结可以帮助你将扎圈做紧。在其中一根水平木杆上打出多个半手结，方结就完成了。

❋ 十字结

用于将非直角交叉的木杆连接起来的快捷方法。围绕重叠的木杆，沿对角线打一个系木结，然后继续缠绳，每缠一圈均应拉紧。改变方向，围着木杆以对角线绕线，在绳索重叠部位形成十字。绕整个结打成多个扎圈，并在底部的木杆上至少打两个半手结。

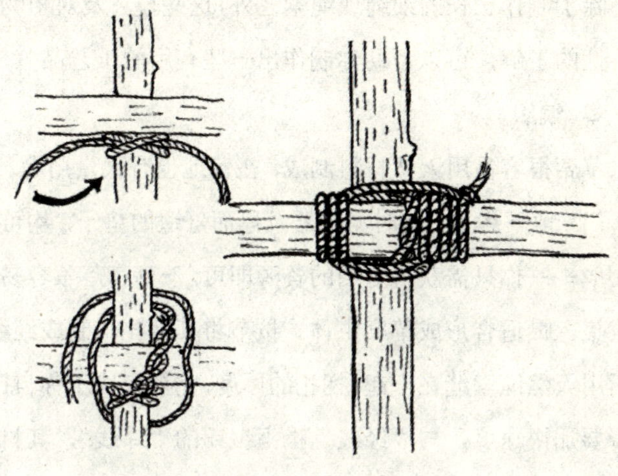

打方结的三个步骤。

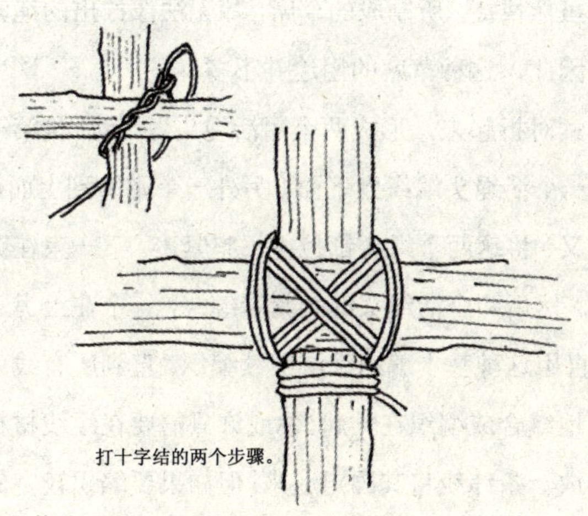

打十字结的两个步骤。

图 89　利用绳索捆扎

利用绳索的营地工艺品

除了制作长长的细绳或绳索之外，这些技巧及对植物纤维特性的了解，可以帮助你制作出一些有用的工艺品。

❋ 编织

草席很容易用天然材料制成，在营地也有大量用途。掩蔽所门、地下烤箱、临时滤水器及厚而舒适的垫子，均可很快制成——你只需获得适当的资源即可。干草和芦苇容易大量收集，最适合形成草席主体。按节将其捆扎，制成经线，然后用天然绳索缝在一起。捆扎的厚度，完全取决于你自己。

要加快速度，与“经线”上下编织的“纬线”，其材料的长度可以达到树内皮或树根的长度，而无需扭曲或连接。这种方法虽然快捷，所制成的草席，却无法像拧出的绳索那样牢固，因此，这种草席的用途并不多。

将绳索对折起来，形成两个“活绳头”，然后从第一束开始，将一个活绳头编织到下面，另外一个则编到上面，在会合处交叉，将这两个绳头都拉得平整紧凑。下一束在旁边滑动到位，然后两个活绳头继续紧紧缠绕，一个在上另一个在下，一直用这种基本编织手法继续编织，直到所有线束都已经牢固地缝合或编织在一起。你或许只需要在经线材料的任意一端放一条纬线将其固定起来，但如果要编织较宽的席子，你就得使用更多中线，来增加强度。

❁ 卷绕

传统的“蜂箱”形篮子，可用类似方法制作。首先，取一束长长的干草，并绕着它用荨麻纤维或树内皮编织大约15cm。将这个缠紧的草束卷起来，形成螺旋起点，之后，用纤维将内外草束缝在一起。继续用这种方法卷绕，需要时添加新材料，并增加绳索的缝线，这条绳从中央向外辐射，将其始终紧紧固定在一起。缝合过程中，空心骨锥对分离卷材很有用。当你觉得已经卷成了足够宽的底座，就开始用同样的螺旋方式往上卷，直到达到所需高度。这种篮子极其牢固，当你编到边缘即将结束时，可以加一个曲木或者天然绳索提手。

卷制而成的草篮非常有用，是出色的营地工程。当你自豪地看着自己的作品时，你会情不自禁地感到，你成功地做了一个林间废纸篓。现在，来看看如何进行下一项工程：手工制作的书架！

天然胶水和密封剂

很多场合中，野营工程或求生武器都急需胶水或某种防水密封剂。我们到处都可以找到的这两种材料的天然替代品——松脂。这种固化灰白色树脂会从许多针叶树树皮的切口中流出，很容易切下并保存起来以供使用。将其放在旧锅里或热石头上，靠近火加热，这样，它会融化成油状的液体。加入一些粉末状木炭及少量蜂蜡（如能找到），然后趁热涂敷。可从火堆取出一块灼热的柴火放在近旁，用来软化那些很快变硬的地方。

黏矛头和鱼钩上的倒刺时，在将两个表面装配在一起之前，把它当做热熔黏合剂，涂在木头、骨头或石头上。再用更多松脂将防水涂层涂在天然纤维制成的绳索上。你还可以把它涂在卷制而成的草篮内侧，制成防水容器，绕着内侧滚动滚烫的圆形鹅卵石，使其变得美观平整。

总 结

很快，我们就到了本书的结尾部分。我希望本书中的内容是有用的，甚至是鼓舞人心的。同时，我也希望你们能够愉快地去学习上面的知识，并且觉得这些内容可以受用终生。虽然本书仅仅包含野外生存的基本知识，但是这是一个至关重要的学习阶段，它允许你在小范围内犯错。我始终认为，倘若你可以雕刻一把铲子，就可以雕刻一个划桨；倘若你可以建一个遮蔽所，就可以造一只小圆舟；倘若你可以做一个鸟笼陷阱，就能够建一个小木屋。当你掌握了这些基本技能以后，就可以完成和实现更艰巨的工作，迎接更大的挑战。此外，我还希望你们能抽空走进大自然，亲自尝试一些我所写的基本技能，依据我的经验，逐步将野外生存技能和技艺融入生活，就像是完成未拼好的拼图一样。它教会我尊重其他生命和周围的世界，以及万物平衡的重要性。同时，它也让我对自己的能力充满了信心。我希望它会对你产生相同的影响。

鸣　谢

特此感谢所有老师、培训师和指导师，在过去几十年中将其知识和专业技能传授于我，并以各种方式给予我鼓励。尤其是我的祖母，在她内心深处总是将自己当作一个女童子军，是她买给我第一本适合野外生存的书籍。我希望将此书献给她，作为报答。

另外，还要感谢我的家人、朋友和各位指导师同仁，正是因为拥有他们宝贵的回馈和坦率的意见，我才能安心撰写本书。

衷心感谢凯文·帕尔默（Kev Palmer）日以继夜地为本书绘制插图，他是一位经验非常丰富的野外生存的指导师，并且本身是丛林之子。

特别要感谢的是我的妻子——克莱尔（Clare），她总会为我定期备好浓咖啡和巧克力饼干供我随时食用，并且随处为我准备精美的食物。

最后，感谢我灵感和动力之最新的源泉——我那即将出世的儿子，至今还未曾取名：我希望你会像我一样热爱森林，但是如果你并不热爱……也没有关系。相反，我们可以去踢球。